거의
모든 것의
산업혁명

Industrial Revolution of Almost Everything

거의 모든 것의 산업혁명

발   행 | 2020년 4월 7일
저   자 | 지병석
펴낸이 | 한건희
펴낸곳 | 주식회사 부크크
출판사등록 | 2014.07.15.(제2014-16호)
주   소 | 서울특별시 금천구 가산디지털1로 119 SK트윈타워 A동 305호
전   화 | 1670-8316
이메일 | info@bookk.co.kr

ISBN | 979-11-372-0322-8

거의
모든 것의
산업혁명

Industrial Revolution of Almost Everything

지 병 석

거의
모든 것의
산업혁명

Chapter 2. 시대 정의

Industrial Revolution of Almost Everything

거의 모든 것의 산업혁명

Chapter 3. 속도전

Chapter 4. 특이점을 향해

Chapter 5. 예측

Industrial Revolution of Almost Everything

거의 모든 것의 산업혁명

Industrial Revolution of Almost Everything

서 문

첫 번째 저서인 '4차 산업혁명 스케치'가 세상에 나온 지 벌써 2년이 지나고 있다. 그때는 나름 오늘날 급격한 사회 현상 변화를 어느 정도 이해하고, 통찰하고 있다는 근거 없는 자신감이 있었나보다. 가급적 많은 자료와 보고서, 트렌디한 보도들을 닥치는 대로 접하고 재해석하며 꾸려낸 분석 결과나 성과물에 흡족해하던 기억이 생생하다. 그러나 그 뿌듯한 감정은 그리 오래가지 못하고 금세 휘발되어 버렸다.

세상은 이제 작은 변화에도 무수히 많은 분석과 진단이 실시간으로 쏟아져 나온다. 말 그대로 데이터 범람 시대다. 또 여기로 가라, 저기로 가라는 듯 저마다의 전문가, 전문 기관, 심지어 국가 간의 예측 시나리오도 제각각이다. 그런 와중에 나 역시 이전 저서에 '당신이 원하든 원치 않든 이제 선택의 여지는 없다!'라며 독자에게 협박에 가까운 메시지를 던지며 '그다음은 알아서 하세요'라는 식의 공장 복제품 마냥 시중에 깔려있는 대부분의 책과 같이 구체적인 마일스톤 없이 끝을 맺었으니 얼마나 무책임하고 가당찮은 지식의 자화자찬이었을까. 심지어 지극히 평범한 내가 있어봤자 얼마나 많은 정보를 가졌겠으며, 또 얼마나 깊은 통찰을 가졌겠는가 말이다. 백화점 마냥 열거식 지식의 나열은 데이터로 가치는 있겠지만 정보는 되지 못하리라. 읽고, 보는 사람이나 설명하는 사람이나 피곤하긴 매한가지다. 그래서 요즘 단편적이고 일시적인 과학, 테크 관련 보도를 부러 좇지 않는 이유다.

물론 세상은 계속 변화하고 있다. 4차 산업혁명도 급격히 진행 중이다. 올바르게 또 조속히 새 판에 대비해야 하는 것도 나 자신을 위해서도, 우리 후세대를 위해서도 응당 맞는 일이다. 그렇다면 어떻게 해야 하고, 또 어디로 발 빠르게 움직여야 할까를 묻는다면 지금으로서는 선뜻 대답하기가 조심스러워 진다.

왜일까. 대한민국에서 4차 산업혁명이라는 메가 트렌드의 시작을 운 좋게 지켜본 사람으로서, 또 직간접적으로 미약하게나마 관여했던 관계자로서 지금 느끼는 감정은 사뭇 다르다. 한때는 조급했다. 어서 우리도 기술 발전의 과실을 함께 따먹고 국가 부흥과 경제 발전을 도모하고, 더 좋아진 삶의 질을 꿈 꿔보길 바랐다. 그러나 뭔지 모를 순리처럼 집단지성은 때에 따라 우리 사회에 신묘한 제동을 걸어왔다. 비트코인을 위시한 암호 화폐에서 번진 블록체인에 대한 사회적 명과 암이 그랬고, 위치기반 카풀 서비스에서 빚어져 최근 '타다' 사태까지, 새로운 모빌리티 사업자와 택시 조합과의 갈등이 또 그랬다. 학교와 학부모, 학생들은 정작 준비가 안됐는데 산업 활성화 논리에 치우쳐 에듀테크를 억지로 학교에 넣으려고도 했다. 의료 산업은 또 어땠나. 무작정 빨리 가는데 편승해 지금 안가면 '뭔지 모르지만' 뒤쳐질 것 같다는 조급증만 함께 키운 꼴이다.

이 과정에서 기술발전의 성과를 고스란히 국민 개개인의 삶에 전달하고 성급히 활용케 유도하는 것도 어찌 보면 지금으로서 전적으로 옳지만은 않을 수도 있겠구나하는 생각이 들기도 했다. 코로나19로 신종 전염병 사태를 전 세계가 겪으면서 달라진 일상을 대체해 메워야 할 과학기술이 막상 '언박싱'을 해보니 수준 이하였거나, 검증이 덜 되어 사용할 수 없다거나, 사용자 편의를 전혀 고려하지 않은 설계였다던가 하는 식의 민낯을 드러내놓고 고스란히 평가받는 중이다. 세상을 다 구할 것만 같았던 인공지능, 크리스퍼 유전자 가위, 원격 의료 등등 막상 문제를 해결할 수 있는 비기는 지금 어디

있단 말인가.

 의도한건 아니지만 '4차 산업혁명 스케치' 탈고 후, 영감을 받아 연이어 작업하던 이 책의 집필을 중간에 멈추고 1년 넘게 손을 놓게 되었다. 그리고 답 없는 고민을 시작했다. 그렇다면 나는 이쯤에서 어떤 이야기를 할 수 있을까. 그러던 차 우연히 현재의 현상 매몰에서 벗어나 더 오래전의 시간, 시대적 연유와 논리를 다시 상상해보기 시작했다. 빅뱅으로 우주가 생기고 인류가 태어났다. 인류는 언어를 만들고, 농사를 지으며 도시를 만들었다. 지식을 저장하고 전파할 수 있게 되었고 도구와 물건을 만들었다. 일이란 개념을 만들고 국가와 정부, 회사, 심지어 종교란 개념도 만들었다. 사유재산이 생기고 거래가 생기고 문화를 만들었다. 인류는 더 편하고, 효율적인 방향을 추구해 왔다. 설사 그것이 가끔 파괴적 면모를 보였을지라도 인류는 전자의 방법을 택했다. 네 번에 걸친 산업혁명의 버전 모두 분명한 전조와 그만한 논리가 있었고, 필연적 아이러니가 있었다.

 러다이트 운동은 기계의 등장으로 일자리를 잃어버린 노동자의 그만한 불안과 억울함이 있었을 테고, 대량생산 체제를 통해 우수한 가성비로 등장한 당시 미국의 포드 자동차를 비웃던 페라리를 비롯한 유럽의 명품 자동차사도 그만한 우월 의식이 내재화된 동기가 분명 있었을 것이다. 인도의 후추와 면직물이 유럽인들에게 막상 별로였다면 대항해시대가 열리지도 않았을 것이다. 그랬다면 해상교역과 상공업 발전은 훨씬 덜 했을 것이고 제국주의는 없었을지도 모르고, 근대화의 주체도 달라져 오늘날 동양 중심의 세계로 변했을 수도 있는 일이다.

이렇듯 요소요소의 시대적 퍼즐을 맞춰가다 보니 지금 우리가 겪고 있는 문제가 차츰 오버랩 되기 시작했다. 그때 시대가 내린 결론과 이유가 적어도 후대의 객관적 평가를 통해 뭔가 교훈을 가져다주고 지금도 역시 비슷하게 반복되는 복잡하고 다양한 갈등과 문제에 대입해볼 수 있지 않을까 생각하게 되었다. 이런 연유라면 다시금 세상에 내 이야기를 풀어볼 가치가 있겠다 싶었다. 그래서 오래도록 미적거려온 집필을 다시 시작했다. 다행히도 그간 스스로 실험하고 체득한 흥미로운 사례와 기행도 현장 강의로는 시간이 부족해 어떻게 전달할지 방도를 찾고 있던 참이었고, 여러 기관의 다양한 분들과 만나며 교류하는 과정에 재구성된 새로운 이야깃거리도 충분하던 참이었다.

이번엔 집필을 조금 색다르게 해보기로 했다. 내가 강의했던 그대로를 최대한 살리면서 현장에서 대화하는 형태로 내용을 전달하면 조금이라도 더 쉽고 재미있게 받아들여지지 않을까 해서 문체부터 소위 '현장체' 그대로 기술했다. 목적대로 읽힐지는 미지수지만 중학생 정도면 이해할 수 있는 수준으로 최대한 풀어쓰려 노력했고 부러 강의 중 사용하는 슬라이드도 최대한 활용해 현실감을 더해보고자 노력했다. 따분한 역사적 기술을 재미있거나 의미 있는 사례로 치환해보고자 했고, 내가 직접 실험하고 겪은 좌충우돌 경험담을 토대로 독자들 또한 직접 접하고 느껴볼 수 있도록 신경 썼다.

글이란 것은 쓰면 쓸수록 점점 더 어려워진다는 말이 더욱 실감나는 요즘이다. 자기검열의 족쇄에 걸려 지지부진한 진도에 지치고 머릿속은 온갖 시대상이 섞여 뒤죽박죽될 무렵, 역치 값을 넘은 탄성체마냥 번민을 그만 덮고 세상에 내놓기로 결심했다.

모쪼록 이 책을 읽고 많은 사람들이 각자의 의견을 다양한 방법으로 전달해주었으면 좋겠다. 그래서 함께 더 많이 이 세상의 변화와 문제 해결에 대해 얘기를 나누었으면 한다. 그런 재료로 이 집필의 결과가 활용된다면 더할 나위 없이 기쁘리라.

끝으로 여전히 나를 지지해주고 사랑해주는 나의 가족과 지인들에게 이 책을 바친다. 특히 책 쓸 때마다 옆에서 이야기 동무가 되어주고, 틈틈이 응원해준 딸, 지서연에게 감사를 전한다.

2020년 4월 어느날 밤에.

Chapter1. 여기에 오기까지

Industrial Revolution of Almost Everything

#0. 오리엔테이션

　제 수업에 참여해주신 여러분, 반가워요. 과거를 통해 오늘을 진단하고, 미래를 엿볼 수 있다는 건 참 멋진 일이죠. 옛날에는 그게 힘들었어요. 더구나 잘 맞지도 않았고요. 심지어 온 우주가 지구를 중심으로 돌아간다고 믿었던 시대도 있었고, 영원히 살기위해 위해 불로초를 찾아 헤매던 왕도 있었지요. 그러나 지금은 그렇지 않죠. 인류가 만들어낸 또 수집하고 분석해낸 엄청난 양의 지식이 데이터라는 전기 신호로 기록되고 저장되고 또 공유되고 있어요. 그것뿐인가요, 이제 그 복잡하고 어려운 과정을 자동화시키고 더군다나 스스로 학습해 똑똑해지는 기계를 만들어 인간대신 활용하고

있어요. 인공지능이죠. 심지어 그 속도도 계속 빨라지고 실시간으로 주변 사물에 연결되기 시작했어요. 컴퓨팅 파워와 네트워크, 스마트 기기들의 발전 덕분이에요.

자, 이제 무기가 어느 정도 갖춰졌어요. 이제 세상을 과거보다 정확하게, 또 멀리 내다볼 수 있게 되었어요. 인공지능을 비롯해 관련 기술들이 아직 걸음마 단계겠지만 괜찮아요. 금세 걷기 시작할테고 또 뛰기 시작하게 되면 우리가 경험해보지 못한 새로운 기회가 펼쳐질지 몰라요. 또 인공지능이 다른 기술과 융합되고 새로운 도구를 만들어 간다면 우린 상상할 수도 없는 그 무엇을 마주하게 될런지도 알 수 없어요. 없었는데 무언가 생겨났고 그래서 변화하게 되는 이야기. 그 이야기를 이번 시간에 풀어볼까 해요.

제 이야기는 사실 조금 방대한 주제를 다루고 또 다양한 시대를 오가게 될 거예요. 심지어 아예 처음, 그러니까 우주 빅뱅의 시작부터요. 지금 현상부터 이해하는 것도 나쁘지는 않지만 인류 역사를 넘어 존재의 기원부터 살펴보면 오늘날 세계가 왜 이렇게 설계되었는지, 인류는 무엇을 추구하는지, 앞으로는 어디로 갈지를 가늠하기 좋기 때문이에요. 그렇다고 굳이 처음부터 순서대로 각 맞춰 따라올 필요는 없어요. 중간중간 관심 있는 시대나 이슈로 점프해도 좋아요. 여러분이 이해하기 쉽게 다양한 이미지도 준비했어요. 자, 준비됐나요?

#1. 우주 달력

'펑!!' 우주에서 이런 소리가 났을런지 알 수 없지만 무(無)에서 유(有)가 시작되는 시점이에요. 거대한 폭발로부터 우주, 별, 생명의 모든 기원이 시작되었다지요. 그러나 이 신비로운 기원에 대한 명쾌한 해답은 아직 없습니다. 심지어 빅뱅(Big Bang) 현상이 여러 번 있었을 것이라는 주장도 있지요. 그래서 단일한 우주(Universe)가 아닌 여러 개의 우주(Multiverse)가 만들어졌다는 얘기도 있습니다.

자, 첫 시작의 폭발이 몇 번이었든 제 이야기는 이 시점부터 시작하려고 해요. 옆 장의 그림은 우주 전체의 시간을 인간 세계의 1년으로 압축해 만들어 놓은 칼 세이건(Carl Sagan)의

'우주 달력(Cosmic Calendar)'입니다. 무려 138억 년 전의 빅뱅으로부터 1월 1일 00시 00분 01초가 시작되었다고 가정해 봅시다. 빅뱅이 시작된 후 38만년 후쯤 우리가 배웠던 주기율표의 1번 원자인 수소가 생겨나고 수소구름이 뭉쳐져 별이 되고 별의 중심에서는 핵융합이 시작되었지요. 그 결과 헬륨을 거쳐 리튬과 네온·규소·철 등이 만들어지며, 물질을 이루고 현재 우리 몸을 이루고도 있는 원소들(산소, 탄소, 수소, 질소 등) 또한 자리 잡게 된 것이죠.

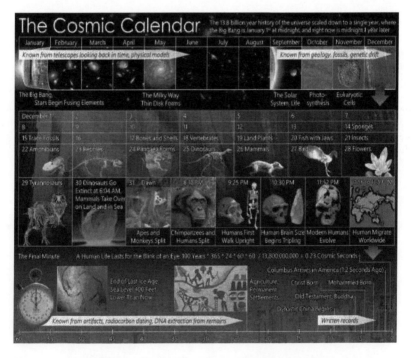

[칼 세이건의 우주달력 / © wikimedia commons]

우주 달력의 5월경에는 은하가 생겨나고 9월에 와서는 드디어 우리의 태양계가 만들어지고 태양과 적절한 거리에서 대기를 갖춘 지구도 만들어 졌습니다. 지금으로부터 45억 4,000만 년 전쯤이지요. 그 뒤 약 5억년 동안 지구는 용암이 들끓는 불덩어리였고 운석과 소행성으로부터 지속적인 폭격을 받는 등 마치 지옥 같은 환경이었습니다. 그럼에도 이 혼돈기의 와중에 지구의 화학적 환경이 생명체에 유리하게 돌아가면서 마침내 지구 최초의 유기체가 탄생하게 되었을 것으로 추정됩니다. 체코 과학아카데미(Academy of Sciences of the Czech Republic) 화학자인 스바토플루크 치비스가 이끄는 연구진은 다량의 운석들이 지구를 비롯한 태양계 내부 행성에 쏟아져 충돌을 일으켰고, 이 충격으로 발생한 에너지가 지구에 존재하던 물질의 화학반응을 촉발해 생명의 기원 물질이 탄생했다는 '후기운석대충돌기(Late Heavy Bombardment)'라는 가설을 실험을 통해 입증하기도 했지요.

지구 달력의 10월경에 이르면 지구에서는 식물의 광합성으로 산소를 만들어내기 시작했고 12월에는 다세포 생명체가 탄생하게 됩니다. 그렇게 육상 식물, 곤충들이 나타나고 비로소 파충류가 등장하며 한동안 지구의 주인이었던 공룡 시대로 접어듭니다.

그리고 12월의 마지막, 31일이 다가왔습니다. 그간 어떤 연유(소행성 충돌로 인한 기후변화로 빙하기 도래가 유력한 학설)로 공룡은 멸종하게 되고 털을 가진 항온동물, 포유류가 다시 지구의 지배자가 되었지요. 상당한 시간이 지난 이때는 비로소 원숭이 종에서 나무로 내려온 유인원이 분리되는 때이기도 했습니다. 유인원 중의 일부는 진화를 거듭한 끝에 두발로 서서 걷기 시작했는데 300~350만 년 전에 살았을 것으로 추정되는 오스트랄로피테쿠스 아파렌시스(Australopithecus Afarensis)를 발견하고 과학자들은 이들을 인류의 조상이라 지목하지요. 또 다른 가설로 몸과 머리가 작은 오스트랄로피테쿠스 중 일부가 진화를 거치며 호모속이 되었고 이들은 아프리카 바깥 다른 대륙으로 이동해왔다고 보는 '아프리카 기원설'이 있습니다. 이처럼 인류 진화의 역사가 수없이 뒤바뀌고, 되풀이되는 것은 아직 정답이 없기 때문이니 이런 가설이 있다 정도로 이해하고 넘어가면 되겠습니다.(웃음)

찰스 다윈(Charles Darwin)이 꼽은 인류의 대표적 특징인 큰 두뇌, 작은 치아, 직립보행, 도구 사용 여부를 기준으로 인류는 진화를 거듭해 왔습니다. 이 중에 현생 인류의 조상으로 불리는 영리한 인간, '호모 사피엔스(Homo Sapiens)'가 존재해온 20만 년은 우주 달력에서 겨우 8분밖에 되지 않습니다. 그중 90% 이상은 우리가 무시해 왔던 농업문명 이전의 수렵채집시대가 차지하고 있는 것이죠. 이 '달력'에서 우리가 얻을 수 있는 가장 큰 교훈은 앞의 조건이 없었으면 뒤의 일들도 없었다는 것, 뒤의 것들을 이해하기 위해서는 앞의 것을 인정하고, 이해하려는 노력을 해야 한다는 것입니다. 만일 이해하지 못한다면, 우리가 어떻게 왔고, 어디에 있는지 모를 것이고 그에 따라 그릇된 판단을 내릴 수도 있는 것이죠.

자, 이제 12월 31일 11시 59분. 마지막 1분이 남았습니다. 마지막 빙하기를 견뎌낸 인간은 다양한 이유로 지능화되기 시작합니다. 어수룩하지만 언어를 만들어내 의사소통이 가능하게 되었지요. 그러나 인지혁명은 그 이상의 결과를 가져오게 되는데 이는 다음 챕터에서 자세히 설명해 보겠습니다. 인류는 또한 가축을 기르고, 농사를 짓기 시작하면서 더 이상 식량을 찾아 떠돌아다니지 않게 되며 정착을 하게 되고 이른바, 문명을 발전시켜 나갑니다. 콜럼버스가 신대륙을 발견한 것은 우주 달력 1년의 마지막 1.2초 전(1,492년)이었습니다. 인간이 100세까지 산다고 했을 때 우주 달력으로는 눈 깜빡할 시간, 0.23초에 불과한 시간입니다. 그렇다면 마지막 1초도 안 되는 시간(약 300여 년 정도)에 소위 과학 기술 혁명이 모두 일어났고 현재 그 네 번째 버전까지 겪고 있거나 혹은 맞이할 준비를 하고 있는 것이지요.

거대한 우주의 역사 앞에서 인간의 한 평생이 참 부질없게 느껴집니다. 특히 칼 세이건의 '창백한 푸른점(A Pale Blue Dot)'을 보면 더 격하게 공감하게 될 거예요. 그러나 인류는 짧은 생명 지속 시간을 허투루 쓰지 않았지요. 지난 역사에서 그 성과는 미미하고 또 보잘 것 없이 보이겠지만, 지금 인류는 보이지 않는 것을 제어하고, 새로운 세계를 계속 만들어내며 놀라운 경험을 쌓고 있죠. 전기로 네트워크를 연결하고, 컴퓨터는 상상을 초월하는 엄청난 양의 데이터를 만들고 처리하며 또 인공지능은 무섭게 학습을 거듭하고 있습니다. 의료 기술과 생명 과학 역시 눈부신 발전을 거듭해 인류의 수명 연장을 실현하려고 노력하고 있지요. 자, 이 놀랍도록 급격한 과학기술 발전으로 말미암은 사회 현상 변화의 시대를 우린 산업혁명이란 말로 표현해 왔습니다. 그러나 인류 역사를 보면 산업혁명 훨씬 이전에도 놀라운 발전과 진보는 늘 있어왔답니다.

#2. 사피엔스

이제 우주 달력의 12월 31일 마지막 하루를 살펴봅시다. 유인원으로부터 진화해 직립 보행을 했을 것으로 알려진 선행 인류 오스트랄로피테쿠스가 500만 년 전에 나타나기 시작했습니다. 학자들은 이후 호모 하빌리스(손쓴 사람) - 호모 에렉투스(곧선 사람 : 대표적으로 베이징 원인) - 호모 사피엔스{지혜가 있는 사람 : 대표적으로 - 호모 사피엔스 사피엔스(대표적으로 크로마뇽인이 있음)}이 갈라져 나오게 됨으로서 현재의 인류에 이르렀다고 합니다. 그러나 인류는 어느 순간에 갑자기 진화하여 지금에 이른 것이 아니라, 한 종에서 다양한 종으로 나뉘고, 서로 경쟁 끝에 남은 종(호모 사피엔스)만이 살아남아 지금에 이르게 된 것이지요.

주목할 것은 20만 년 전에 출현한 것으로 보이는 현생 인류의 직계 조상이라고 불리는 호모 사피엔스입니다. 호모 사피엔스는 현생 인류 진화의 마지막을 장식할 만큼 여러 가지 면에서 뛰어난 영리함을 보여줍니다. 중기 구석기 시대에 나타난 호모 사피엔스는 도구를 잘 다룰 줄 알았는데요, 이전까지 돌을 깨뜨려 도구로 사용했던 뗀석기류에서 돌칼, 돌도끼 등 간석기로 다듬는 가공을 시작하며 신석기 시대를 열게 됩니다. 또한 언어를 사용할 수 있게 되면서 상호간 커

뮤니케이션을 가능케 하는데요. 이는 야수와 자연의 위험에 대해 알릴 수 있었고, 또한 부족을 통치할 수 있었지요. 그만큼 결속을 강하게 엮는 수단으로 언어만큼 커다란 힘을 발휘한 수단도 없었을 것입니다. 그야말로 하나의 혁명적인 순간이라고 부를 수 있는 만큼 이를 인류의 첫 번째 혁명, '인지혁명' 또는 '언어혁명'으로 부르기도 합니다. 유발 하라리(Yuval Harari)는 저서 '사피엔스(Sapiens)'에서 다음과 같이 기술하고 있습니다.

"인지혁명이란 약 7만 년 전부터 3만 년 전 사이에 출현한 새로운 사고방식과 의사소통 방식을 말한다. 무엇이 이것을 촉발시켰을까? 우리는 잘 모른다. 가장 많은 사람들이 믿는 이론은 우연히 일어난 유전자 돌연변이가 사피엔스의 뇌의 내부 배선을 바꿨다는 것이다. 그 덕분에 전에 없던 방식으로 생각할 수 있게 되었으며 완전히 새로운 유형의 언어를 사용해서 의사소통을 할 수 있게 되었다는 것이다."

인지혁명을 거치며 호모 사피엔스가 다수의 타인들과 함께 융통성 있게 협업할 수 있었기에 세계를 지배할 수 있었다는 것이지요. 또한 이렇게 협업할 수 있었던 이유는 '이들이 언어를 통해 비로소 창조된 신, 국가, 화폐, 인권등과 같이 인류의 상상 속에 순수하게 내재된 가치와 존재를 굳건히 믿을 수 있는 특별한 능력을 지녔기 때문'이라고 주장하기도 했습니다. 인지혁명의 최고 정점은 단순한 정보 전달, 의사 표현 외에 가상의 것을 생각해낼 줄 아는 능력이었죠. 즉 신화나 전설까지도 만들어 낼 수 있었습니다. 이것이 중요한 이유는 이를 통해 더 많은 수의 질서 있는 집단생활이 가능해졌기 때문입니다. 다른 인간 종과 호모 사피엔스가 1 대 1로 붙었다면 졌을지도 모르지만 집단 대 집단으로 붙으면 상대가 안 되었던 것이죠. 실제로 동시대를 함께 살았던 네안데르탈인이 신체적으로 훨씬 우세했습니다. 하지만 그들은 멸종당했습니다. 우리가 지금 이 시간에도 굳건히 결속해 있는 이 체제와 시스템, 즉 국가나 정부, 회사와 종교 같은 것들은 모두 인간 스스로 만들어 실체화시킨 낸 가상의 개념인 것이죠.

여기에 과학적인 근거도 있는데요, 일본 나오미치 오기하라 게이오대 기계공학과 교수팀은 네안데르탈인과 초기 호모 사피엔스의 뇌 구조를 비교한 결과, 호모 사피엔스의 소뇌가 8배가량 더 크다는 사실을 발견해 '사이언티픽 리포트(Science report)'에 발표하기도 했습니다. 소뇌는 언어 능력이나 집중력 등과 관련 있다고 알려져 있죠. 소뇌가 클수록 언어 처리 능력, 집중력, 자신의 상황에 맞게 지식을 재구성할 수 있는 인지유연성 등이 뛰어남을 확인했다고 합니다.

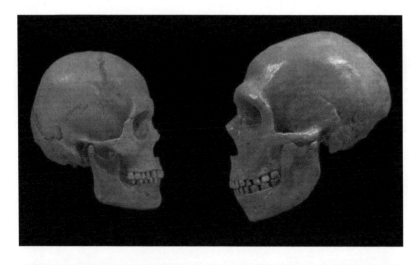

왼쪽은 호모 사피엔스, 오른쪽은 네안데르탈인의 두개골 모형이다. 뇌 용량
은 네안데르탈인이 조금 더 크지만, 소뇌는 호모 사피엔스가 8배가량 더 크
다. ⓒ Wikipedia Commons/Dr MikeBaxter

오기하라 교수는 "소뇌의 해부학적인 차이는 네안데르탈인과
호모 사피엔스의 사회적 능력에 중요한 차이를 가져왔다"고
말했는데 이는 뇌 구조의 차이가 네안데르탈인이 아닌 호모
사피엔스가 지금까지 생존해 지구의 지배자가 될 수 있었던
이유라고 볼 수 있는 대목입니다.

#3. 인지혁명에서 농업혁명으로

[구석기 시대 생활 모습 / 경기도 박물관에서]

구석기 시대에는 채집과 수렵으로 먹고 살았습니다. 한 지역의 열매를 모두 먹었거나 사냥을 마쳤으면 다른 지역으로 이동하면서 식량을 찾아다니던 시기였지요. 그러나 구석기 시대의 이런 채집과 수렵 문화는 신석기 시대로 접어들며 직접 식량을 생산하게 되는 인류 역사상 또 하나의 전기를 가져오게 되는데 이러한 전환을 '신석기 혁명(Neolithic Revolution)'이라고 부르기도 합니다.

진화한 영리한 호모 사피엔스는 농사를 지을 수 있게 되면서 식량을 생산할 수 있게 되었고 또 가축을 길들여 키우면서 농사로 경작되지 않는 식량을 조달하거나 도움을 받기도 했습니다. 그러면서 식량의 총량이 늘어났고 삶의 방식도 이전과 달라지기 시작했습니다. 호모 사피엔스는 수렵채집을 하며 떠돌던 생활을 청산하고 정착을 택하기 시작합니다. 그러면서 인구는 기하급수적으로 증가하게 됩니다. 바로 인류사의 두 번째 커다란 변화, '농업혁명'이라고 부르게 되는 순간이 온 것입니다.

농업 문명의 불편한 진실을 기술한 '판도라의 씨앗(Pandora's seed)'의 저자 스펜서 웰스(Spencer Wells)는 이 순간을 '전 시대의 수렵 채집 사회로 되돌아가는 것을 불가능하도록 만든 비가역적인 변화를 가져왔다. 지난 5만년 인류 역사에서 일어난 가장 큰 혁명'이라고 말했습니다.

농업 혁명이 다가온 인류는 비옥한 토지에 경쟁적으로 자리 잡고 식량을 보관하기 위한 다양한 도구들이 만들어집니다. 또 생산력의 비약적인 발전은 체제의 발전을 가져오게 되죠.

[신석기 시대 생활 모습 / 경기도 박물관에서]

잉여생산물이 축적되면서 사회적 분업이 발전되기 시작합니다. 부족이 확대되며 씨족과 종족의 발전 등 사회적 관계의 변화를 초래하며 복잡한 사회 체제가 만들어지기 시작했습니다.

그러나 한편으로 이 놀라운 농업 혁명을 비관적인 순간의 탄생이기도 하지요. 농업의 발명이 야생 동물의 가축화, 도시와 계급의 탄생, 불평등, 변질된 종교 원리, 환경 오염, 비만·당뇨 같은 질병, 불안·우울 등 정신질환, 군대와 전쟁의 진화 등 현대 사회까지 이어져 오는 인류의 비극적 요소들의 기원이 된 순간이 되기도 합니다.

우리가 인류의 거대한 진보로 배워왔던 이 순간을 유발 하리라는 사피엔스를 통해 농업혁명은 '역사상 최대의 사기(History's Biggest Fraud)'라는 다소 충격적인 견해를 밝힙니다. 농업혁명으로 인류는 몇 개의 덫에 걸려들었다고 분석하는데요,

먼저 사치라는 덫에 스스로 걸려들었다고 합니다. 위험하고 가혹한 수렵채집인의 삶을 포기한 농업인은 보다 안락한 미래를 기대했지만 그것은 농업인이 소망한 사치일 뿐이었다는 것이죠. 아래 벽화를 보면 채찍질 하는 농부의 등은 우연일지 모르지만 심하게 굽어 있죠. 그들이 꿈꾼 사치는 대규모 공동체의 출현과 함께 탄생한 지배자의 차지가 되어버렸다고 해석합니다. 기실 농부는 수렵채집인 보다 고달픈 생활에 시달렸다는 것입니다.

[이집트 무덤에서 발견된 약 3,200년 전 벽화, 땅을 경작하는 농부를 묘사하고 있다. / © wikimedia commons]

둘째, 호모 사피엔스는 야생의 밀을 작물화하면서, 빵을 먹거리로 만들고 자신에 이익에 맞도록 가공하는 방법을 고안할 수 있었는데 이로 인해 작물화라는 야생 식물의 덫에도 빨려들었다고 분석합니다. 경작지가 늘어나면서 농부는 하루 종일 더 많은 밀을 위해 잡초를 뽑고, 제때에 물을 길러다 바쳐야 했다고 합니다. 작물화 된 밀은 성질이 고약하여 온갖 영양소를 안겨주지 않으면, 열매를 맺지 않았다고 하죠. 농부는 밀밭 옆에 주거를 마련하고, 작열하는 태양 아래에서 힘든 자세로 밀의 시중을 들었습니다. 이로써 이들의 삶은 영구히 바뀌었습니다. 유발 하라리는 '우리가 밀을 길들인 것이 아니다. 밀이 우리를 길들였다.'고 기술하고 있습니다.

셋째, 양, 소, 돼지와 같은 동물의 입장에서 헤아려본 농업혁명은 실로 재앙이었다는 것입니다. 사람들은 야생의 동물을 끌어와 마음에 들도록 거세 등으로 그들의 야성을 조작했다고 합니다. 쟁기질하는 일소로 만들기 위해서는 그가 지닌 본능은 아무런 도움이 되지 못하기 때문이라는 것이죠.

이것이 하라리가 본 농업혁명의 가리워진 실상입니다. 왕과 귀족의 입장에서 본 농업혁명은 거대한 힘을 안겨주었지만 대부분의 농민, 가축화된 동물, 작물화 된 밀 등 개별 종의 관점에서는 행복과는 거리가 먼 고통이었다고 합니다. 작물이 인간을 가축화한 것이지, 인간이 작물을 가축화한 것이 아니기 때문이죠.

흥미로운 다른 시각도 존재합니다. 유발 하라리는 농부의 심리를 헤아리며 동물과 식물의 입장에서 농업혁명을 통찰했다면 제러드 다이아몬드(Jared Mason Diamond)는 저서 '총, 균, 쇠(Guns, Germs, and Steel)'에서 유럽 사람들의 발전 속도가 달랐던 것은, 인종적·민족적 차이가 아니라 대륙마다 차이가 나는 환경에 기인한다는 생물지리학적 관점을 전개합니다. 토양과 기후가 적당한 대륙과 지역에는 인간이 작물화, 또는 가축화에 용이한 야생 동·식물이 이미 존재했다는 것이죠. '왜 서양이 지배하는가(Why the West rules for now)'를 쓴 이언 모리스(Ian Morris)도 상대적으로 유리한 환경에 있던 서양의 우연한 운에서 그 대답을 찾을 수 있다고 말하기도 합니다. 작물화·가축화에 따라, 식량생산이 수렵채집이었을 때보다 단위면적당 생산성이 높아지고, 인구도 증대하게 되는데요, 이는 한편으로 식량생산에 전념하지 않는 군인, 사제, 엘리트 등 지배계층을 탄생시켰다고 합니다. 계급과 중앙집권적 정치조직의 출현 등으로 기록 가능한 문자가 생겨났고. 이윽고 제국이 생기고 대형 건축물 건설 등을 위한 다양한 기술과 철기 문명이 비약적으로 발전했다는 관점으로 농업혁명을 바라보고 있답니다.

#4. 문명의 탄생

문명(文明)

고도로 발달한 인간의 문화와 사회를 말한다. 즉, 인류가
이룩한 물질적, 기술적, 사회 구조적인 발전. 자연 그대로의
원시적 생활에 상대하여 발전되고 세련된 삶의 양태를
뜻한다.

강줄기를 따라 비옥한 토지에 정착을 성공한 인류는 언어,
문자와 더불어 농업 경제로 인한 계급 체계가 만들어지며 고
대 도시의 형태를 갖춰가기 시작합니다. 약간의 논란이 있지만
우리가 세계 역사에서 늘 배워왔던 세계 4대 문명이 대표적인 선

도 사례죠.

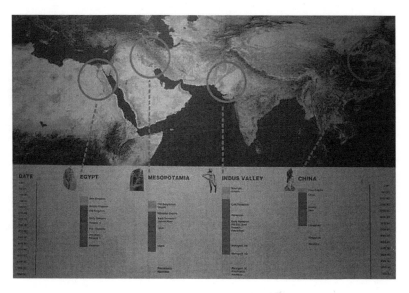

[세계 4대 문명 발상지 / ⓒ wikimedia commons]

기원전 3,500년경, 현재의 터키 동부에서 시리아와 이라크를 가로지르는 유프라테스 강, 티그리스 강에서 시작된 메소포타미아 문명을 시작으로 이집트, 인더스, 황하 문명이 차례로 발현하게 됩니다. 물론 학자에 따라 남아프리카나 마야 문명 같은 아메리카 등지의 문명사를 고려하지 않았다는 반론도 있습니다. 또 사실 확인이 필요한 우스갯소리지만 북한에서는 세계 5대 문명으로 대동강 문명을 포함시키기도 합니다. 자랑스러워해야 하는 건가요?(웃음) 그러나 우리가 정작 주목해야 할 중요한 것은 전체 인류사의 변화입니다.

 이 세계 4대 문명의 공통점이 있습니다. 모두 북반구의 큰 강 유역에서 발생했고, 기후가 온난하여 농사가 잘 되는 지역이었다는 점 외에 도시가 형성되었고, 각자의 문자가 발명되었다는 점입니다. 생산성이 계속 증가하게 되면서 잉여생산물, 즉 사유 재산이 생겨나고 이는 서로 간 필요한 것을 교환하며 일종의 초기 상업 활동이 활발해지게 됩니다. 그렇게 경제 활동이 이루어지고 초기 도시가 성장하게 되었죠. 또한 대규모의 수리 사업 등을 관리하고, 감독하기 위한 전제 군주가 출현하였고, 법률이 제정되었지요. 지배자의 권위를 과시하는 사업, 예를 들어 궁전과 무덤 건축 또한 활발했죠. 궁전과 무덤의 크기는 국왕의 권위에 비례합니다. 지배층과 피지배층이 뚜렷하게 나뉜 사회에서 지배자들은 피지배층이 자신의 지배에 순순히 복종 하도록 유도하기 위해 여러 가지 방법을 동원하게 되었죠. 메소포타미아의 지구라트(Ziggurat)나 이집트의 피라미드(Pyramid) 같은 것이 대표적이겠네요. 이때에는 아마도 신과 더 밀접한 생활상을 영위할 수밖에 없었기에 지배 계층은 대부분 대규모 신전을 만들어 제사를 지내거나 왕의 무덤을 만들어 내세에 대한 공고한 믿음을 보여주었다고 할 수 있겠습니다. 인더스 문명에서 탄생한 브라만교가 그리했고, 이집트의 파라오와 피라미드, 미이라 관습이 그 시대상을 잘 보여줌니다.

한편 문명은 특정한 지역에서만 일어난 것은 아니었을 겁니다. 지구 각 지역의 요지에 자리 잡은 고대 도시는 주변과 끊임없이 교류하며 변화해 왔을 것입니다. 지역마다의 석기 시대부터 이어져 온 토착 종교가 있음에도 불교, 이슬람, 기독교 3대 종교가 다른 지역에도 골고루 나타나고 있다는 사실이 이를 반증합니다.

인류는 도시 체계를 갖추며 전과 다른 생산 체계를 만들어 내기 시작합니다. 기술의 발전이 이뤄지면서 저마다의 삶의 양태도 바뀌어 왔습니다. 예를 들어 인더스 문명이 발현한 하라파, 모헨조다로 등지에서는 급수, 하수, 쓰레기 처리시설, 공중 목욕탕 등이 발견되었는데 특히 하수 처리시설은 중세시대까지도 유럽 등지에서 발전하지 못했던 개념이라고 합니다. 이를 무려 기원전 2,500년경에 만들었다니 놀라울 따름입니다.

앞서 농업 혁명의 이면을 살펴본 바와 같이 생산물의 차지는 공평하지 않았을 것입니다. 안온한 삶을 위해서는 더 많은 땅과 노동력, 또 생산물의 끊임없는 확장이 필요했을 것입니다. 자신의 것을 안전하게 지킬 필요도 있었을 것입니다. 문명 간 정복과 수탈의 역사가 이후로 오래도록 반복된 연유입니다. 또한 문명의 혜택을 한껏 누리고 있는 지배층의 호화로운 생활의 이면에는 수많은 사람들에 대한 가혹한 수탈이 행해졌죠. 이들은 거대한 소유 토지 경작에 수많은 노예를 혹사시켰으며, 자신이 지배하고 있는 백성으로부터 막대한 조세와 공물을 거두어들였습니다. 지배층은 더 많은 노예와 토지를 확보하기 위해 전쟁을 일으켰으며 관리들은 정복지로부터 막대한 공물을 징수한 것이지요. 지배층은 자신의 권위에 도전하는 세력을 처벌하기 위해 법률을 만들어 놓았으며, 저항할 경우 곧바로 군대를 파견하여 무자비하게 진압하기도 했습니다.

그러면서 한편으로 자연스럽게 문명은 고도화를 거듭했을 것이고 이는 점차 적은 노동을 들여 생산성의 향상을 가져오는 방향으로 발전하게 되었습니다. 결국 과학 기술이 도구의 진화와 새로운 자원을 에너지로 변환하며 인간의 힘을 넘어서는 기계를 만들어내고, 또 그 기계의 자동화를 실현시키고, 이제는 인간의 지적 능력까지 넘어서고 있는 산업혁명 시리즈가 탄생하게 된 하나의 단초를 가져오게 된 것입니다.

#5. 산업혁명 전초전

 산업혁명을 본격적으로 다루기전에 반드시 주목해야 할 시기가 있습니다. 이건 다른 수업이나 책, 사료에서 잘 다루지 않고 있는 부분인데요. 바로 인쇄혁명과 대항해시대예요. 이 두 가지 역사의 맥락을 짚어보지 않고서는 산업혁명의 배경을 이해하기 어려워요.

 먼저 인쇄혁명부터 봅시다. 활자 인쇄와 전파는 비로소 지식의 대중 전파를 가져온 아주 중요한 일이었지요. 마치 단일 서버에 저장된 데이터가 클라우드 서버로 이동해 언제 어디서나 소실의 위험 없이 동일한 정보를 접할 수 있게 된 것과 비슷한 상황으로 이해하면 좋겠습니다. 당시의 그 충격은 실로 엄청났습니다. 독일의 구텐베르크(Gutenberg)가 1448년경 활판 인쇄술로 '불가타 성서(Vulgata : 구텐베르크 성서)'를 대량 인쇄하여, 성직자와 지식인들만 읽을 수 있었던 성서를 대중화시켰기 때문이지요.

[구텐베르크가 인쇄한 라틴어 불가타 성경 / 구텐베르크 박물관에서]

당시 성서를 비롯한 책들은 필사본이라 수량이 적어서 가격이 매우 비싸고 구하기가 힘들었지만, 활판 인쇄술이 서양에 등장하면서 책의 대량 생산이 가능해졌고 많은 사람들이 이전보다 쉽게 지식의 보고인 책과 접할 수 있게 된 것입니다. 대량 생산된 책 중에는 그리스와 로마의 고전 작품도 있었는데 이것은 르네상스의 밑거름이 되었다고도 해요. 이 외에 활판 인쇄술은 대중 매체의 한 종류로서의 현재의 신문이 탄생하는 데에 기여를 하기도 했답니다. 지식과 정보를 접하기 어려웠던 대중이 책을 통해 똑똑해지고, 또 그 지식을 전파하기 시작하면서 비로소 기술 역시 기록되고 발전하게 된 계기가 된 셈이죠. 이른바 '근대'의 형성에 핵심적 기여를 하게 된 사건이었습니다. 실제로 영국에서는 다른 국가보다 일찍 혁명(17세기 명예혁명)을 거치고, 봉건제가 해체되어 정치적인 성숙과 안정이 이루어지면서 이전보다 자유로운 농민층이 나타났는데 이는 인쇄 혁명으로 말미암은 지식의 보급과 의식의 성숙이 큰 영향을 미쳤다고 보기도 합니다.

독일의 마인츠(Mainz)라는 소도시에 제가 직접 다녀왔는데요, 바로 마인츠가 구텐베르크의 출생지이기도 하고, 구텐베르크 박물관(Gutenberg Museum)이 있기 때문이었어요. 박물관은 아담한 규모의 건물에 자리 잡고 있었는데 그 안에는 시대 혁명의 소스가 고스란히 들어차 있었지요. 내부를 돌아보다보면 진정한 산업혁명을 의미하듯 'Industrial Revolution'이라고 쓰여 있는 간판을 마주하게 됩니다. 그러면서 거대하고 묵직해 보이는 활판 인쇄기들이 죽 늘어서있는 모습에 경탄을 금치 못했던 기억이 선명합니다.

[마인츠, 구텐베르크 박물관에서]

당시 우리에게도 금속활자가 있었지요. 무려 70여년 앞선 1377년 고려시대에 말이죠. 금속활자로 인쇄된 '직지심체요절'이 그것입니다. 명실상부한 전 세계가 인정하는 '세계 최초' 타이틀은 분명합니다. 그러나 아쉬운 점은 우리 조상들은 이를 통해 서양처럼 대중화, 근대화에 이르지 못하였지요. 지식의 공급처 및 유통 주체는 국가였고 어떤 책을 찍을지는 왕과 관료들이 결정했기 때문이지요. 결국 체제 유지를 위한 책만 찍어내다 서민의 스마트한 업그레이드는 한참 뒤처지게 되고 말았습니다. 아, 반론이 있기도 해요. 서양의 알파벳은 26

글자에 불과해 당시 한자를 쓰던 우리와 비교해 훨씬 활자 만들기가 용이했고 또 빠르게 인쇄할 수 있었다는 주장도 있습니다. 한자는 무려 상용한자만 3,500자가 있다고 하니 효율성 측면에선 '그럴만도' 했겠지요.(웃음)

두 번째로 짚고 넘어가야 할 역사적 사건은 이름부터 거창한 대항해 시대라고 알려진 서양 중심의 '신항로 개척' 사건입니다. 사실 애초 서양에서는 대발견의 시대(The Age of Discovery)라고 불렀지만 오롯이 서양인의 관점에 의한 작명일 뿐, '역사란 강자, 승리자에 의해 주관적으로 쓰여 진다'라는 사실을 다시금 깨닫게 되는 대목입니다.

이 복잡다단한 시기, 여러 나라 사정을 이 시간에 모두 다룰 수는 없어 몇 가지 중요한 대목만 소개해 볼께요. 바로 신항로 개척에 따른 새로운 자원과 특산품의 수요가 폭발적으로 증가했다는 점이예요. 그 중 인도를 통해 들여온 후추와 면, 아프리카를 중심으로 거둬들인 설탕, 남아메리카 등지에서 가져온 금과 은 등이 대표적이었습니다. 특히 인도의 오랜 현지 작물인 후추는 맛의 기준을 혁신적으로 바꿔놓기도 했지만 서양인들에게는 부와 권력의 상징이 되기도 했지요. 이 보잘 것 없는 향신료로 인해 인도 캘리컷까지 신항로를 개척한 포르투갈을 비롯한 서양은 점차 부유해지게 되었고, 훗날 인도에 면직물과 향신료 등 독점 무역을 바탕으로 상상을 초월하는 오늘날 마켓캡(Market Cap : 발행주식의 시가총액) 규모를 보여준 동인도 회사(The East India Company)가 들어서게 되는 결과를 초래하기도 하죠. 지면상 더 자세히 설명하지는 못하지만 포르투갈의 바스코 다 가마(Vasco da Gama)가 인도 항로를 발견하기까지, 에스파냐의 콜롬버스(Columbus)가 인도를 찾기 위해 떠났다가 아메리카 대륙을 발견하기까지의 대항해 시대의 역사적 의미와 해상 경쟁은 그 자체로도 재미있는 드라마가 될 테니 꼭 한번 찾아보시기들 바래요. 여전히 지구본을 살펴보면 미국 카리브해 지역에 '서인도 제도(West Indies)'를 볼 수 있는데 이는 콜롬버스가 산살바도르 섬에 상륙했을 때 이곳을 인도로 오인한 데서 유래된 이름이죠. 인도는 유럽의 동쪽에 있는데 말이죠.(웃음) 여전히 지구본에 남아있는 저 지명은 서양 중심사의 웃픈 단면을 잘 드러내고 있습니다.

한편 유럽 대륙에서 면직물은 무서운 기세로 수요가 늘어났습니다. 당시 유럽인들은 동물의 털로 만든 모직 의류를 입고 살았더랬죠. 겨울에 따듯할지는 모르겠지만 직물 자체가 무겁고, 통기가 좋지 못했겠죠. 그러나 면으로 된 옷을 입고 나서부터 그 수요는 폭발적으로 늘어났다고 합니다. 가볍고, 시원하고, 신축성 있는 면 옷은 가히 혁명적인 시대 트렌드가 되었습니다. 또한 상류 계층을 중심으로 유행을 주도하기 시작했습니다. 당시 영국의 사무엘 페피스(Samuel Pepys)라는 해군 행정관이자 상원 의원은 어느 날 파티에 갔다가 면으로 된 화려한 드레스(최신 신상이겠지요)를 입고 뽐내는 여성들을 보고 모직으로 된 드레스를 입고 있던 자신의 아내와 하녀들을 매우 부끄러워했다는 일기가 전해지기도 해요. 그만큼 가볍고, 감촉이 좋고, 통기성이 좋은 면 옷은 당시의 시대 트렌드였고, 소위 '인싸'가 되기에 꼭 필요한 인플루언서의 상징같은 개념이었다는 단면을 잘 보여주고 있죠.(웃음)

[면직물 유행의 단면을 보여주는 사무엘 페피스의 모습]

수요가 몰리니 공급자들은 어떻겠어요? 돈도 벌고, 일감이 계속 쌓이겠지요. 인도에서 하도 면화를 가져와 팔아대니 영국에서는 기존 모직업자 보호를 위해 1722년 캘리코 법이라는 면직물 수입 금지령을 내리기까지 합니다. 국산품을 애용해야지 우리는 뭘 먹고 살라는 말이냐. 양치기, 농민, 섬유산업 수공업자들을 말려 죽일 셈이냐며 반발하는 기존 상공업자의 보호를 위한 조치였죠. 면직물을 들여온 동인도 회사 직원들도 한 때 테러의 대상이 되기도 합니다.

그래도 소용없었어요. 이 신제품에 대한 폭발적으로 늘어나는 수요를 일일이 맨파워에 의지하는 수공업 형태로는 감당할 수 없는 일이었죠. 그러다 비로소 목화솜으로부터 실을 뽑는 방적기, 천을 엮는 방직기 등 기계가 등장하기 시작합니다. 조금 더 많은 생산, 빠른 생산을 하기 위한 기술 개발을 위해 기술자, 과학자들 간 경쟁이 이루어지고, 거금을 쥔 투자자들이 후원을 하기 시작하면서 비즈니스가 이뤄지기 시작했죠. 또한 당시 영국에서는 기술 개발을 장려하기 위해 최초로 성문화한 특허 제도를 만들어 발명으로 기술 개발한 자에게 독점권을 쥐어주면서 산업 발전을 꾀했습니다. 기술력과 독점을 인정받으려 각국의 기술 인력이 모여든 영국에서는 발명과 혁신이 잇따르고 돈이 모여들기 시작하면서 유럽의 기술 후진국이었던 영국의 처지를 바꿔놓게 되지요. 경제사가 윌리엄 번스타인(William J. Bernstein)은 역저 '부의 탄생(The Birth of Plenty)'에서 유럽의 강자 프랑스와 스페인이 근대화에 뒤처진 이유를 특허권 제도의 상대적 낙후성에서 찾기도 하죠. 기술이 발전하여 기계가 인간의 노동력을 대신함으로써 생산의 효율화는 증대되고, 일감이 몰리고 돈이 벌리니 더 많은 인력을 구하게 되고, 더 좋은 기술을 개발하게 되면서 가정이나 공방 중심에서 공장 형태의 생산 기지가 구축되어가며 비로소 산업의 혁명이라는 막이 오르게 된 것입니다.

#6. 산업혁명의 개막

　자, 빅뱅부터 시작해 인지혁명, 농업혁명, 문명의 발현을 거쳐 산업혁명의 단계 초입까지 짧게 살펴봤습니다. "도대체 4차 산업혁명이 뭐야?"라고 성급하게 인공지능, 블록체인부터 파고들기 보다는 우리의 근원과 이 산업혁명까지의 연유를 처음부터 살펴보면 전체적인 거대사(Big History) 관점에서 그 맥락을 더 쉽게 이해할 수 있기 때문이죠. 서두에 밝혔지만 여러분께서 이 수업을 듣고 '왜'라는 질문에 대한 작은 통찰이 생겼다면 그것으로 제 소임은 다한 것이라 생각하고 싶네요.(웃음)

　산업혁명은 일반적으로 4단계의 버전으로 구분하지만 학자에 따라서는 다양한 관점이 존재하기도 해요. MIT의 에릭 브린욜프슨(Erik Brynjolfsson)과 앤드루 맥아피(Andrew McAfee)의 공저 '제2의 기계 시대(The Second Machine Age)'에서는 전통적 기계 시대에서 컴퓨터와 로봇으로 상징되는 새로운 기계 시대를 서술하며 크게 두 개의 거대 패러다임 구분을 했고, 공유경제 사회를 주창한 미래학자 제레미 리프킨(Jeremy Rifkin)은 아직 정보화 혁명(3차 산업혁명)의 후반부 그 어디쯤에 있다고 주장합니다. 또 여전히 가끔 펼쳐봐도 금세 빠져드는 엘빈 토플러(Alvin Toffler)의 '제3의 물결(The Third Wave)'을 보면 제시된 세 번째의 모든 물결이 모두 지나갔다고도 단언할 수 없습니다. 심지어 일본 정부에서는 2017년 Society 5.0 아젠다를 발표하면서 인류사를 5단계(수렵사회, 농경사회, 공업사회, 정보사회, 초스마트사회)로 구분하기도 했으니, 사실 이 정도 되면 시대 구분론은 사실 큰 의미는 없다는 결론에 이르게 됩니다.

또한 1, 2차 산업혁명까지는 충분한 역사적 사료를 바탕으로 교과서에서 공식적으로 다루고 있지만 그 다음 버전은 여전히 현재 진행 중이기도 하죠. 사실 후세대가 오랜 시간 후에 충분한 고증을 거쳐 역사적 평가를 받아야 하는 아젠다를 성급히 일반화한 경우라고도 볼 수 있습니다.

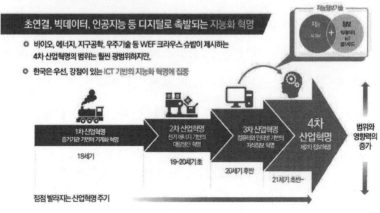

여기서는 일반적 관점으로 이해하기 쉽게 4가지 버전의 산업혁명으로 구분지어 이해해 봅시다. 1차 산업혁명은 영국을 시작으로 유럽과 미국에서 18세기에서 19세기에 걸쳐 진행된 기계의 등장 시기였습니다. 앞서 설명한 바와 같이 이 인류사의 거대 모멘텀은 갑자기 등장한 것은 아니었습니다. 인쇄혁명과 대항해 시대를 통해 지식이 보급되고, 자원 교역이 이루어지고, 자본가와 발명가가 등장하며 돈이 돌기 시작했지요. 그러면서 기계가 생겨나고, 공장의 기원이 열리며 노동자 계층이 등장하기 시작했습니다. 가내 수공업으로 대표되는 면 공업에서 방적기와 방직기가 만들어지며 생산성의 향상을 이루기 시작했어요. 특히 동력의 발명이 획

기적인 변화를 가져오는데 중대한 역할을 하는데 바로 증기기관(Steam engine)이 그것이었죠. 농경 중심의 사회가 기계 중심의 산업 사회로 전환되는 시점이었습니다. 증기 자동차, 증기 열차와 선박은 이른바 물류의 혁신을 가져왔습니다. 1769년 제임스 와트(James Watt)에 의해 증기기관이 개발되었고 이를 산업혁명의 시작으로 알고 계신 분들이 많을 텐데 이는 잘못 알려진 사실이고요, 1705년 영국의 발명가 토머스 뉴커먼(Thomas Newcomen)에 의해 처음 고안된 장치로 보는 것이 타당하다 하겠습니다.

첫 번째 산업혁명이 가져온 변화 혹은 결과는 실로 엄청났습니다. 중세를 주름잡던 왕족과 귀족 지배 체제가 무너지고, 신흥 부르주아 계급이 생겨났고, 노동자 계층의 위상도 강화되었어요. 공업화로 농촌 인구의 대부분은 도시로 이주하였으며, 이로 인해 도시 인구의 폭발적인 증가세를 보였습니다. 잠시 상상해보세요. 여러 개의 높은 공장 굴뚝에 매캐한 연기가 가득한 불결한 도시의 잿빛 풍경. 어디선가 본 듯한 익숙한 풍경이 떠오른다면 바로 첫 번째 산업혁명의 한 장면으로 적합할 것 같습니다. 발전과 성장의 반대급부로 노동자에 대한 인권 유린도 나타나기 시작했는데, 공장주들은 노동자들에게 낮은 임금과 장시간 노동을 강요했고, 심지어 아동 노동이라는 비상식적인 일 또한 발생했다고 하지요. 새로운 산업 사회는 새로운 지배층과 피지배층을 만들어 내며 어두운 그림자 역시 드리우게 됩니다.

산업혁명으로 새로운 기계들이 등장하자 영국 노동자들은 불안해졌습니다. 기계로 인해 수십 명이 했던 일을 한 사람이 할 수 있게 됨에 따라 노동자들은 일자리를 잃게 될까 두려웠던 것이죠. 양말을 만드는 가내공업이 번창했었던 영국 중부 노팅엄(Nottingham)의 수공업 노동자들은 가업을 이어받으며 수백 년 동안 안락하게 살아왔습니다.

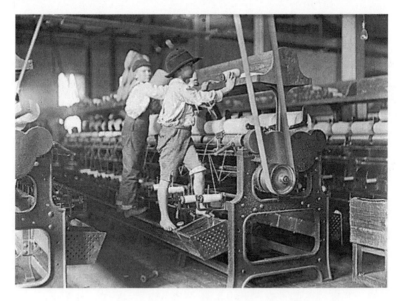

[어린이 공장노동자 / © wikimedia commons]

그러나 자동 직물 기계가 발명되면서 그들은 생계의 위협을 느꼈겠지요. 더군다나 프랑스와의 오랜 전쟁으로 경제 상황이 어려워지자 1811년 희망을 잃은 이곳 노동자들은 공장 소유주를 협박하고 양말과 레이스를 짜는 기계를 파괴하기에 이릅니다. 그 다음해에는 북부 직물업계에서도 집단적인 기계파괴가 이루어졌지요. 수공업 노동자들의 생계를 위협하는 새로운 작업 기계를 맹목적으로 파괴하는 운동, 이른바 러다이트 운동(Luddite Movement)이 벌어지기도 했던 때가 바로 첫 번째 산업혁명 시기였습니다.

[영국 노동자들의 기계파괴 운동 / © wikimedia commons]

#7. 산업혁명 시즌2

이 시기를 이야기할 때는 다른 때보다 사뭇 진지해져야 할 것 같아요. 여타 수업이나 사료에서는 두 번째 산업혁명의 눈부신 성과물만 칭송하기 바쁘지만 저는 조금 다른 견해를 갖고 있습니다. 기술 개발이 인간의 이기심과 만났을 때 악용된다면 실로 엄청난 비극을 불러올 수 있는데 바로 그 결과가 산업혁명 시즌2에서 나타나고만 것이지요.

일단 2차 산업혁명은 제1차 세계대전 직전인 1870년에서 1914년 사이에 진행되었습니다. 미국과 독일을 중심으로 공업 생산력이 증대된 까닭에 영국의 발전과 상대적인 개념으로 이들 국가의 기술 혁신을 강조하기 위해 굳이 시대 구분을 하는 의도도 있습니다. 이 기간은 전기를 바탕으로 모터, 전화, 전구, 축음기 및 내연 기관을 중심으로 기술이 한층 더 진보된 시기였습니다. 전기 동력으로 가동되는 모터를 사용하여 더 작게 만들고, 쉽게 기계를 제어할 수 있게 된 생산성 혁신의 시대이기도 하죠. 특히 우리가 상징적으로 알고 있는 토마스 에디슨(Thomas Edison), 니콜라 테슬라(Nikola Tesla) 같은 인물들로 인해 전기 에너지의 발명과 이용이 산업혁명 시즌2의 심볼과 같이 받아들여지기도 합니다.

또한 전기를 활용해 벨트 컨베이어 시스템(Belt conveyor system)이 도입되며 대량생산이 가능하게 된 점 역시 상징적인 발전이었지요. 당시 자동차 제조사이던 포드 자동차 회사(Ford Motor Company)에서는 이전까지 자동차 부품을 한 곳에 쌓아두고 많은 노동력과 시간을 들여 생산을 했는데 컨베이어 시스템을 도입하면서 컨베이어를 따라 이동하는 자동차 뼈대에 각자 맡은 부품을 조립하게 되면서 생산성이 크게 증가하게 되었습니다. 전체 공정을 개별 단위로 쪼개기를 반복한 것이지요. 무려 12시간 걸리던 공정을 1시간 만에 끝낼 수 있었으니 이는 획기적인 대량생산을 가능하게 하고, 제품 생산 단가 역시 낮아지며 대중화를 견인하기도 한 셈입니다. 여담입니다만, 헨리 포드

(Henry Ford)는 당시 돼지 도축장에서 순차적으로 이뤄지는 돼지 해체 작업을 보면서 벨트 컨베이어 시스템을 착안했다고 전해지기도 합니다. 전기를 비롯해 철강, 석유와 같은 새로운 자원을 활용한 산업들이 탄생되었고, 효율적인 대량 생산이 가능해졌습니다. 기업들은 현재까지도 이어지는 단순화·표준화·전문화된 작업공정과 합리적 관리를 통한 '소품종 대량생산 시스템' 개념을 이때부터 만들고 추진하게 되었지요.

[포드자동차 컨베이어 벨트 작업모습 / ⓒ Flickr]

반면 이 시기의 세계정세는 매우 불안정한 상태였습니다. 역사적인 배경은 차치하고 과학기술, 산업경제의 발전은 인류사에 명백한 명과 암을 남겼는데요. 바로 두 차례의 세계대전 발발이었습니다. 특히 1차 세계대전은 전통적 개념의 전쟁에서 벗어난 말 그대로 기계화된 살육전이었죠. 그 배경에는 기술발전으로 말미암아 무기가 고도화되고 군수 물자 이동이 그 전과 달리 원활해지며 더 오래, 더 강력하게 싸울 수 있게 된 까닭이었습니다. 이전 시대의 전쟁은 그나마 기사도 정신이 계승되며 일정한 목적이 달성되면 전쟁을 멈추거나, 상대를 죽이지 않고 풀어주는 등 도덕과 철학이 어느 정도 작동했다면 총과 포로 무장한 기계화 전쟁에서는 통용될 리 만무했습니다.

특히 서부전선(프랑스와 벨기에 지역)에서 독일군과 연합군의 4년여에 걸친 대치와 참호전에서는 의미 없는 수많은 희생자가 나오게 되었는데요. 이때 당시 지휘관들은 무기의 발달을 따라잡지 못하고 구시대적인 전략과 사고방식에 얽매여 있어서 수많은 청년들을 기관총과 포탄의 세례 속 죽음으로 내몰게 된 결과를 가져왔습니다.

이 때 등장한 신무기는 독가스와 기관총, 화염방사기, 전차와 잠수함, 비행기 등으로 현대전의 시작을 보여줌과 동시에 엄청난 희생자를 만들어 낸 끔찍한 비극의 시작 역시 동시에 가져왔습니다. 양 진영에서 경쟁적으로 신무기 도입을 주도했는데 독일에서는 화학전, 화염방사기, 잠수함 등을 먼저 선보였고, 영국을 비롯한 연합군에서는 기관총, 전차, 비행기 등의 개발에 앞섰습니다.

[참호 건너기에 실패한 전차 / © wikipedia]

그러나 점차 전장에서 서로의 무기가 탈취되고 연구, 재개발되고를 반복하면서 신무기의 위력은 더욱 강해지게 되었습니다. 우리가 흔히 말하는 탱크는 1차 세계대전 때 연합군의 새로운 전차 개발에 대한 암호명이었다가 정식 명

칭으로 바뀐 사례죠. 참호 속에서 전사한 프랑스 육군 중위 알프레드 주베르는 죽기 전 다음과 같은 일기를 남겼다고 합니다.

"인간은 미쳤다! … 이 지독한 살육전이라니! 이 끔찍한 공포와 즐비한 시체를 보라! 지옥도 이렇게 끔찍할 수는 없을 것이다. 인간은 미쳤다!"

[John Ellis, Eye-Deep in Hell: Trench Warfare in World War(Baltimore: The Johns Hopkins University Press, 1989) 에서 재인용]

결국 양 진영이 국력을 참호에 다 퍼붓는 이 막장스러운 상황은 경쟁적으로 개발한 새로운 무기와 전술의 등장 그리고 미국의 참전으로 연합군이 우위에 서게 되면서 종결되지만 기술 및 산업의 고도화가 몰고 온 기계화된 낯선 전장이 전술적 교착 상태가 이어지면서 사상자 비율이 악화된 역사상 가장 참혹한 전쟁으로 기록되고 말았죠. 이처럼 기술발전이 가져온 산업혁명의 이면, 아이러니한 그 어두운 그림자는 '새로운 계급의 탄생'과 '전쟁'이란 비극적 기록을 남기고 말았습니다.

#8. 산업혁명의 계승

인류는 의도했든 그렇지 않든 두 번의 산업 혁명을 거치며 매우 정교화·표준화 된 사회·경제 시스템을 계속 구축해 나아 갑니다. 인류의 삶에 이제 밤을 환히 밝힐 수 있게 된 전기와 컨베이어 시스템을 선두로 대량 생산이 가능해졌고 이전과는 차원이 다른 생활상의 변화가 시작되었습니다. 일자리도 변했고, 교육도 변했습니다. 심지어 이제 전기에 정보까지 실어 보낼 수 있게 되었습니다.

세계 2차 대전이후, 1991년까지 냉전 시대를 거치며 미국과 소련, 유럽 주요국을 중심으로 급격한 산업 고도화의 시기를 맞이하고 치열한 기술 경쟁으로 접어들기 시작합니다. 미국과 유럽 국가 간 자동차 경쟁에서 그 단면을 엿볼 수 있는데요.

앞서 언급했다시피 미국에서는 컨베이어 벨트를 위시한 대량 생산 체제로 포드 자동차가 대표 국민 자동차로 성장하고 있었지요. 원가 절감을 통한 양산형 자동차를 만들기 위해 심지어 외장 컬러도 검은색뿐이었다고 했는데, 헨리 포드는 "원하는 차는 다 만들 수 있다. 대신 색깔은 검은색뿐이다"라고 했을 정도였다지요.(웃음) 그 무렵 유럽, 특히 이탈리아에서는 페라리를 중심으로 마세라티, 람보르기니 등 오늘 날 슈퍼카로 불리는 명품 자동차들이 탄생하고 있었습니다. 이들 간 경쟁은 자동차 레이싱 대회에서 불이 붙곤 했었는데요.

[영화 '포드 VS 페라리' 장면 / ⓒ 20th Century Fox]

특히 프랑스에서 매년 개최된 스포츠 자동차 내구 경주로 유명했던 '르망 24시'에서 포드 팀은 직전까지 거의 매번 우승을 해오던 페라리 팀을 1966년 대회에서 꺾는 파란을 일으키며 우승을 차지하게 되지요. 이후 1969년까지 미국의 파죽지세는 계속 이어집니다. 이전까지 유럽인들의 시각에서 미국의 자동차 기술 수준은 아직 자신들을 따라올 수준에 못 미친다는 우월의식이 작용하고 있었는데요. 비슷한 예로 2차 대전 당시 우스갯소리로 독일에선 1:5라는 말이 오르내렸는데 독일군의 대표 전차로 이름을 떨쳤던 '티거(TIGER : Panzerkampfwagen VI Ausführung H(6호 전차 H형))'한 대를 상대하기 위해선 미국의 대표 전차였던 '셔먼(M4 Sherman)'이 다섯 대나 필요했었다고 해요. 성능은 비록 낮지만 대량 생산에 의해 물량으로 승부하던 미국의 기술력을 폄하하는 얘기들이었죠. 그러나 미국은 대량 생산 체제에 기술 개발이 시너지 효과를 내며 성능까지 우수해지자 자동차 경주를 넘어서 이후 세계 맹주로서 제트기, 레이더, 우주산업 등 본격적으로 과학기술 강대국으로 또 세계 경제 톱 클래스로 변모하기 시작합니다.

3차 산업혁명, 즉 정보화 시대 개막은 전문가 견해마다 다르지만 1970년대 중후반에서 1980년대에 시작되어 오늘날까지 계속되고 있거나 이미 이루어졌다고 봅니다. 개인용 컴퓨터, 인터넷 및 정보통신기술(ICT)의 발전으로 전자회로와 정밀제어에 의한 생산성 혁신을 이뤄낸 시기였습니다. 이 시대는 수요보다 공급이 많아진 수요자 중심의 경제로서 기업들은 고객을 세분화하고 '다품종 소량생산 시스템'을 위한 관리의 정보화와 제조의 자동화를 추진하게 되었습니다. 또한 오프라인에서 온라인으로 사회문화가 전이되는 또 하나의 혁명적인 시기이기도 했지요. 포털 검색, 메일 서비스가 등장했고, 쇼핑, 게임, 커뮤니티 서비스를 중심으로 온라인 경제와 서비스 산업이 발전하기 시작했습니다.

이 과정에 오기까지 잠시 우리의 상황을 돌아보면 실로 드라마틱한 사건의 연속이었습니다. 영국을 중심으로 한 유럽의 근대화, 산업혁명이 한창일 시기에 미처 그 기회를 붙잡지 못하고 주변국의 간섭에 시달리다 결국 국권을 피탈당하고 일제강점기에 들어서게 되는 시점이었죠. 그 암흑의 시대는 근 30년간 지속되었습니다. 일제에 의해 근대화가 더불어 이루어지기는 했으나 주체적인 개혁은 할 수 없었겠지요. 1945년 8월 15일, 드디어 해방을 맞이하였으나 완전한 독립을 이루지 못한 채 또다시 미소군정 체제에 놓이고, 결국 6.25 전쟁까지 발발하며 한반도는 격랑에 휩싸이게 됩니다. 전쟁 후 최빈국으로 전락한 우리는 정치 영역을 제외하고 이후 산업·경제 부문에서 한강의 기적을 이뤄내며 2018년, GDP 3만 달러 국가 대열에 오르는 믿기 힘든 드라마를 만들어내죠. 물론 한강의 기적을 이룬 산업화 시대에 대한 관점은 다양하게 나뉘기도 합니다. 우리가 압축 성장을 성공적으로 이뤄낸 것은 사실이지만 1950~80년대까지 전 세계가 사실 함께 급격한 성장을 이룬 때이기도 했습니다. 우리의 주력 분야가 제조업과 수출이긴 했습니다만 3차 산업혁명의 패러다임인 정보화를 성공적으로 이뤄낸 덕분에 빠르게 선도 대열에 합류하게 되었습니다. 관련해서는 후에 더 자세히 다뤄보도록 하겠습니다.

4차 산업혁명은 지금까지 발전해 온 오프라인과 온라인간의 경계가 허물어지며 상호 융합되며 동시 발전을 거듭하고 있는 시대라고 정의할 수 있겠습니다. 사물 인터넷이 활발해지고 컴퓨팅 파워가 증가하며 데이터는 기하급수적으로 늘어나게 되고 인공지능이 이를 학습하여 지적 판단 기능을 수행하기 시작하면서 '지능화 혁명'을 촉발시키고 있다고 보는 것이 일반적 견해입니다. 더욱이, 지능화 혁명은 제조업 등 특정 분야만의 변화가 아닌 전 산업·서비스에 적용되어 산업지형, 경쟁방식 등을 바꾸고 있습니다. 우리의 삶의 방식 또한 5~10년 전과 크게 바뀌고 있습니다. 그리고 수년 뒤에는 이제 막 시작된 자율 주행차, 인공지능 서비스가 인류를 어떤 사회로, 어떤 생활

상으로 데려다 줄지 알 수 없습니다. 레이 커즈와일은
'2045년이 되면 인공지능이 만든 결과물을 인간이 도저
히 이해할 수 없는 시점이 올 것이며 이것이 특이점
(Singularity)'이라고 말하기도 했습니다.

#9. 4차 산업혁명 개념

 우리가 살고 있는 시대의 개념을 조금 더 이야기 해볼까요? 1, 2차 산업혁명은 인류의 실생활, 환경 즉 오프라인 세계에서의 급격한 발전상을 의미합니다. 농업 경제를 넘어 기계를 중심으로 생활에 필요한 여러 가지 도구와 물건들을 만들게 되었고 먼 지역에 까지 닿을 수 있게 되었습니다. 물질, 소유, 자원 중심의 경제 시스템이 작동했습니다. 이는 현재까지 사라지지 않고 이어져 오고 있는 근간이기도 합니다. 그러나 3차 산업혁명을 거치면서 온라인이라는 또 다른 가상의 세계를 만들어내게 됩니다. 이곳에서 인류는 새로운 경제 시스템을 구축하고, 상호간 커뮤니케이션을 하며 정보를 생산하고 공유하게 됩니다.

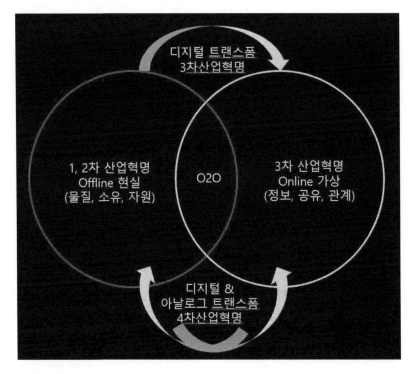

[산업혁명 개념도]

기존 삶의 방식이 1980년대 이후 불과 10여년 만에 크게 변화하게 됩니다. 포털 사이트 아니면 빠르게 변화는 사회상을 따라갈 수 없게 되었고, 이메일이나 메신저 아니면 업무를 할 수 없으며, 기업, 기관 등의 대표 홈페이지 구축은 필수인 시대가 온 것이죠. SNS 서비스를 사용하지 못하면 새로운 관계간 커뮤니케이션이 어렵게 되었습니다. 현실에서

구하기 어려운 상품들은 이제 온라인으로 손쉽게 주문할 수 있습니다. 우리의 실생활이 온라인으로 디지털로 전환되는 정보, 공유, 관계 중심의 시스템으로 변모된 것이지요. 따라서 하나의 패러다임, 혁명의 한 버전으로 보는 것도 무리는 아니란 생각이 듭니다.

4차 산업혁명의 시기는 발전된 온라인 세계가 다시 아날로 그 세계와 융합되어 이어지며 현실과 가상을 구분할 수 없이 하나의 세계로 통합되는 시점입니다. 우리의 24시간을 함께하는 스마트폰으로 엄청난 데이터를 만들어내고, 이는 클라우드에 집적됩니다. 인공지능은 놀라운 분석과 학습을 통해 인간에게 길을 찾아주고, 음악을 들려주는 것 이상으로 차를 대신 운전해주기도 하고, 비서 역할을 하거나 심지어 병의 진단과 치료, 법률 컨설팅까지 할 수 있게 되었습니다. 3D프린터로 만든 인공 장기가 인간에게 이식되기도 합니다.

우리도 모르는 새에 사물과 사물이 연결되고 똑똑해지면서 온라인과 오프라인의 경계가 허물어지게 되었습니다. 이것이 초연결, 초지능으로 명명된 4차 산업혁명 시대의 모습입니다.

#10. 4차 산업혁명의 준비와 대응

4차 산업혁명 시대에 세계는 어떤 준비를 하고 있을까요? 2016년 1월 스위스 다보스에서 개최된 세계경제포럼(WEF)에서 클라우스 슈밥(Klaus Schwab) 회장은 "우리는 지금까지 우리가 살아왔고 일하고 있던 삶의 방식을 근본적으로 바꿀 기술 혁명의 직전에 와 있다. 이 변화의 규모와 범위, 복잡성 등은 이전에 인류가 경험했던 것과는 전혀 다를 것이다."라고 새로운 패러다임 키워드를 제시했습니다. 이것이 4차 산업혁명 시대의 대표적 신호탄이 되었지요. 이후 세계 선도 국가들은 저마다의 이슈와 테마를 만들어 새로운 변화에 본격적으로 대응하기 시작했습니다.

4차 산업혁명에 따른 변화와 절박감

선진국은 물론 이웃 중국 등의 부상에 따른 위기감과 절박감 고조

실리콘밸리 FANG*
* Facebook, Amazon, Netflix, Google

Society 5.0, AI 산업화 로드맵 등

첨단기술전략 2020, 산업 4.0(노동 4.0)

AI

BIG DATA

중국,
막대한 자본과 리더십으로 4차산업
혁명 시장 선도
중국 제조 2025, 일대일로, 남방정책 등

　독일은　2차 산업혁명의 대표 선도국이자, 세계 대전을 직접 겪어내며 자동차, 기계, 화학 등 중공업, 제조업 분야의 기술력은 세계 최고 수준으로 현재까지 그 경쟁력을 이어오고 있습니다. 그러나 경쟁국의 기술추격과 신흥국 대비 가격 열위라는 치열한 글로벌 환경에서 제조업 주도권을 유지하기 위해 고민하였고, 2011년 차세대 산업 전략을 만들게 되었습니다. 이른바 4차 산업혁명의 불씨를 먼저 당긴 셈입니다. 그 중심에는 다품종 대량생산이 가능한 유연한 생산 시스템이 있으며, 이를 위해 필수적인 사물인터넷과 사이버물리시스템(CPS) 기술에 산업부흥정책을 위한 자본이 집중되어야 한다는 내용의 '산업4.0(Industry 4.0)'을 2012년 발표하

게 되었습니다. 민간 주도의 정보통신, 전자, 기계분야 연구 중심 프로젝트였던 인더스트리 4.0은 정부 주도의 범국가적 프로젝트 플랫폼 인더스트리 4.0으로 한 단계 더 발전하게 되었습니다. 독일의 목표는 전 국가의 스마트 공장화입니다. 강점인 제조업을 스마트 공장화를 통해 생산성과 효율을 더욱 높인다는 취지입니다. 독일은 한 걸음 더 나아가 경제성장을 위해서는 자본의 역할과 더불어 노동의 역할도 중요하다는 사실을 인식하고 노동 분야의 전략을 만들었는데 이것이 바로 '노동4.0'이었습니다.

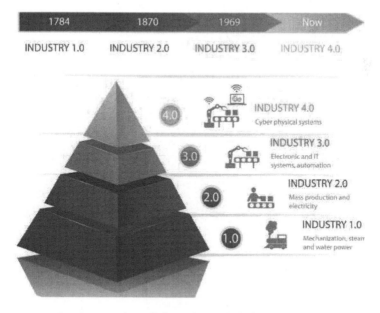

[Industry 4.0 개념도 / ⓒ 게티이미지코리아]

제가 방문했던 독일 아헨(Achen) 지역에서는 대학과 연구기관, 기업, 정부와 지역사회가 유기적으로 연결되어 호흡을 맞추는 장면이 인상 깊었는데요. 그만큼 기술 개발과 활용, 시장 진입에 있어 통일된 체제에서 드러나는 강한 경쟁력을 여실히 보여주고 있었죠.

여전히 글로벌 슈퍼 파워로 군림하고 있는 미국은 세계 최고 기술력을 갖춘 자국 ICT · SW기업들이 혁신 서비스를 지속 창출할 수 있도록 AI 원천기술 개발, 공공시장 활용 등을 공격적으로 지원하고 있습니다. 대표적으로 실리콘 밸리 'FANG(Facebook, Amazon, Neflix, Google)'으로 일컬어지는 글로벌 인터넷 기업의 막대한 성장 뒤엔 국가의 막대한 지원이 있었던 셈이죠. 또한 인공지능 선도국 답게 인공지능을 위한 정책도 활발합니다. 2019년 포괄적이고 일관된 국가 전략 하에 인공지능 산업육성과 R&D 촉진을 위한 '미국 AI 이니셔티브(AI Initiative)'를 발표하였는데요. 이는 미국 최초로 발표된 전 연방차원의 인공지능 국가전략으로, R&D, 산업, 인력 등에 관한 연방정부의 인공지능 정책방향을 제시하고 있습니다. 또한 'AI 이니셔티브'의 성공적 추진을 위해 트럼프의 정책기조를 반영한 '국가 AI R&D 전략'을 3년 만에 개정하여 발표하기도 했는데, 인공지능 분야에서 추진되는 여러 정책 및 프로그램을 포함, 트럼프 정부

정책기조 하에 인공지능을 전 산업에 적용·확산하기 위한 의지를 보여주고 있습니다. 우리나라도 미국의 AI국가전략이 만들어지자 부랴부랴 2019년 12월, 한국판 AI국가전략을 만들어 발표했죠.(웃음) 이 해설은 4장에 다루도록 하겠습니다.

2019년 12월, 저는 미국 뉴욕에서 개최된 AI Summit NewYork 행사에 다녀오게 되었는데요. 3일간 다양한 기업의 전시와 함께 유통, 금융, 헬스, 제조, 개발 등 다양한 분야에서의 인공지능 세미나가 열리는 행사였습니다.

[AI Summit NewYork 2019]

제가 거기서 느낀 것은 전 세계의 '인공지능으로의 정렬 (alignment for AI)' 현상이었습니다. 생각보다 훨씬 많은 사람들이, 생각보다 훨씬 많은 실험과 성과를 공유하며 한 방향의 비전을 보고 있었다는 것인데 앞으로 상당기간 미국 주도의 인공지능 패러다임은 지속될 것이고 파괴적 혁신의 범위는 더욱 커질 것이란 생각이 들었습니다.

다음은 일본인데요. 일본의 경우는 실상 우리가 조금 더 심각하게 받아들일 필요가 있습니다. 우리의 고질적 문제가 훨씬 심화된 상태가 바로 일본의 경우이기 때문이죠. 일본은 2017년 신문명 전환의 로드맵을 발표했는데요, 이른바 'Society 5.0'이라는 아젠다가 그것입니다. 독일이 4차 산업혁명을 'Industry 4.0'이라는 산업정책으로 수용했다면, 일본은 여기에 문명적 전환을 덧입혀 4차 산업혁명을 사람들의 라이프 스타일과 접목해 사회적 진화로 나아가겠다는 플랜을 세운 것이죠. 우리가 이제까지 이해해 온 '아베노믹스'의 문명 확장판이라 할 수 있겠습니다.(웃음) 이러한 발상의 전환을 하게 된 것은 아이러니하게도 일본이 마주한 '생존 조건'의 문제 때문입니다. 일본은 초 고령화 사회가 절망적으로 진행되어 생산가능 인구의 만성적 부족에 시달리고 있습니다. 일본은 지표상으로 보면 실업률이 거의 없이 완전 고용 상태의 경기 호황으로 보이지만 실상은 심각합니다. 일본 경제가 불황의 늪에서 탈출해서라기보다는 워낙 젊은 층 생산인구가 적다보니 약간의 경기회복에도 가파른 임금 상승과 구인난에 직면하게 된 것이죠. 사정이 이렇다 보니 일본으로서는 생산 인구절벽의 문제를 자동화, 무인화로 돌파하고 노령인구를 현역으로 일할 수 있도록 웨어러블 로봇과 인공지능, 그리고 첨단 의료기술을 개발하고자 하는 것입니다. 일본의 독거노인, 환자 등을 위한 돌봄 로봇기술과 원격의료 수준 등은 우리가 주목해야 할 분야일 것입니다.

중국은 4차 산업혁명 시대를 맞이하여 향후 세계 경제의 패권을 쥘 수 있을지 여부를 가리는 장으로 인지하고 국가적인 역량을 쏟아 붓고 있습니다. 중국은 국가주도형 성장전략을 유지하며 민간의 부흥을 성공적으로 이끌어냈다는 평가를 받고 있지요. 그 중 중요한 것은 2015년에 '제조2025' 전략을 발표하며 10년 안에 세계적인 제조 강국에 진입하겠다고 한 것입니다. 이후 2045년까지 제조 강국 중 최고가 되어 표준화나 기술을 선도하겠다는 것이죠. 이 제조가 단순 제조가 아니고 정보통신 기술, 항공우주, 철도, 전기차, 로봇 등 10대 전략산업을 동시다발적으로 발전시키겠다는 것이 무서운 것이죠. 또한 핵심기술이나 부품소재를 국산화하겠다는 의지도 큽니다.

중국의 인공지능 분야 성과도 뛰어납니다. 2018년 중국의 인공지능 시장은 전년대비 74% 성장해 415억5,000만 위안(약 7조원)을 달성한 것으로 추산되며, 생체·이미지·영상 인식기술을 중심으로 한 '컴퓨터 비전(Computer Vision : 기계의 시각에 해당하는 부분을 연구하는 컴퓨터 과학의 최신 연구 분야)' 시장의 규모는 2017년 기준 82억 8,000만 위안(약 1조 3,800억 원)으로 가장 큰 비중을 차지하기도 했습니다. 특히 안면인식 기술이 크게 발전했는데 안면인식을 통해 범죄자 식별을 가능케 한 상탕커지(商汤科技) 사례가 흥미롭습니다. 상탕커지(商汤科技, 센스타임)는 2014년에 설립되어 2018년에 6억 달러 규모의 시리즈C 투자를 받으면서 현재 시가총액 45억 달러에 달하는 AI업계의 최대 유니콘으로 성장한 안전·보안 분야 스타트업입니다. 차이나모바일·화웨이 등 주요 기업과 정부기관 등 300여개 고객층을 보유하고 있다고 하는데 2017년에 AI 안면인식 시스템을 중국 광저우의 범죄자 추적업무에 도입하여 2,000여명의 범죄자를 식별하여 100여개 사건을 해결하고 800여명을 입건하는 등의 성과를 거둔바 있다고 알려져 있죠.

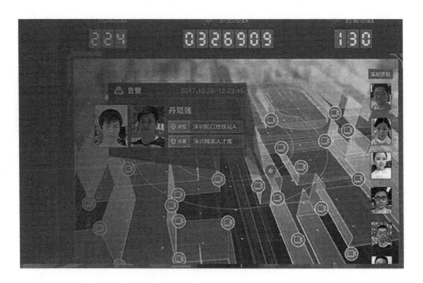

[센스타임 안면인식 기술 / © sensetime.com]

국제 사회는 중국의 안면 인식 연구가 프라이버시를 침범할 가능성을 우려하지만 상탕커지는 민생에 유익하다는 입장을 견지하고 있습니다. 이것이 기술윤리를 바라보는 중국과 그 외 국가들의 가장 큰 차이입니다. 우리의 경우 기술의 활용에 갖가지 법과 시민단체 등의 제약을 받지만 일당독재국가인 중국은 크게 개의치 않죠. 오히려 국가가 기업을 장려하는 형편이니 시간 싸움인 이 시대의 승자는 중국이 될 가능성이 큰 형국인 것입니다. 그러나 저는 천천히, 신중히, 또 민주적인 절차를 거쳐 가는 것도 나쁘지만은 않다는 입장입니다. 오히려 세계를 선도하는 것보다 빠른 추격자(fast follower) 전략도 진부하지만 우리나라 특성엔 여전히 효과적일 수 있습니다. 그러나 지나친 제약과 사회적 갈등으로 말미암은 기술발전의 감속 추세는 이후 선진국의 성과를 한 번에 따라잡기 불가능한 수준까지 그 차이가 벌어질 가능성이 있습니다. 적당한 속도감은 유지하며 선도국의 기회비용을 잘 활용해야 할 것입니다. 너무 눈치전략인가요?(웃음)

중국의 유니콘 기업 성장세도 만만치 않습니다. 중국은 2019년, 처음으로 미국을 제치고 '유니콘(기업가치가 10억 달러 이상인 스타트업)'이 가장 많은 나라에 이름을 올렸습니다. 중국의 포보스라고 불리는 후룬리포트가 이날 공개한 '2019년 후룬 유니콘 순위'에 따르면 세계 유니콘 494개 중 중국 기업은 206개로 가장 많은 것으로 집계됐습니다. 미국의 유니콘은 203개로 중국보다 3개 적었죠. 뒤를 이어 인도(21개), 영국(13개), 독일(7개), 이스라엘(7개), 한국(6개), 인도네시아(4개), 프랑스(4개)가 있었습니다.

중국의 주요 유니콘 기업 ※기업가치 10억 달러 이상의 스타트업

세계 순위 기업(창사일)

2 디디추싱 (2012년 6월)
가치(달러) **680억**
- 분야 ········· 맞춤형 서비스
- 유니콘 합류 ⋯ 2014년 12월 31일
- 주요 투자자 ⋯ 매트릭스 파트너스·
  소프트뱅크

3 샤오미 (2010년 4월)
460억
- 하드웨어
- 2011년 12월 21일
- 퀄컴벤처스·디지털스카이테크놀러지

4 메이퇀뎬핑 (2003년 4월)
300억
- 전자상거래
- 2015년 12월 22일
- DST글로벌·트러스트브릿지 파트너스

9 루팍스 (2011년 9월)
185억
- 핀테크
- 2014년 12월 26일
- 핑안 딩후이투자·중국은행

13 터우탸오 (2012년 8월)
110억
- 디지털미디어
- 2017년 4월 7일
- 세코이아 캐피탈·시나웨이보

16 DJI (2006년 11월)
100억
- 하드웨어
- 2015년 5월 6일
- 엑셀파트너스·세코이아 캐피탈

11 상탕 (2014년 11월)
14억7000만
- 컴퓨터시각·AI
- 2017년 7월 11일
- 스타벤처캐피탈·IDG 캐피탈

자료:CB Insight

[© CB Insight]

우리는 알파고 충격을 겪고 난 이후 촛불 정국이 시작되며 사실상 1년간 개점휴업 상태를 겪어야 했습니다. 2017년 문재인 정부가 들어서고 비로소 대통령 직속으로 4차산업혁

명위원회를 설치하고 10월부터 본격적인 활동을 시작했고, 국회에서도 4차산업혁명특위를 만들었고 지자체별로 관계 부서를 정비하고 관련 조례 제정 및 기본계획 수립, 위원회를 꾸리는 등 세계 선도국 방향에 맞춰 분주하게 움직이기 시작했습니다. ICT 기업들은 분주하게 AI를 비롯한 최신 기술 개발에 박차를 가하기 시작했고 제조업과 농업에서는 스마트 시스템을 도입하기 시작했습니다. 갖은 규제로 혁신을 이루지 못할 것을 우려해 규제 샌드박스 제도도 만들어 법 개정 이전이라도 사업 진출을 허용해 효과성을 판단하도록 조치도 취했습니다. 교육 분야에서도 4차 산업혁명 시대의 인재상을 규정하고 창의적인 인재 양성을 위한 준비도 한창입니다.

가는 중에 간혹 엇박자도 나고, 반발도 일고 하지만 긴 호흡으로 이 현상을 바라보면 우리나라는 우리의 속도대로 잘 가고 있다고 판단됩니다. 특히 이번 코로나19 사태를 경험하면서 말이죠.(웃음)

#11. 키워드 분석

 이번에는 4차 산업혁명에 대해 전 세계가 어떤 인식을 갖고
있는지 구글 트렌드를 활용한 키워드 트렌드 분석 결과를 알아
봅시다. 전 세계에서는 2016년 1월 다보스 포럼에서 4차 산업
혁명이 논의 된 후 급격히 관심이 고조되기 시작하여, 2017년
11월에 정점을 기록하는데요, 지역별로 보면, 특이하게도 남아
프리카공화국의 관심도가 가장 높았고, 한국이 4차 산업혁명
키워드 관심도 전 세계 2위를 기록합니다.

 한국 상황만 살펴보면 2016년부터 완만하게 관심도가 증가
하기 시작해, 2017년 11월 정점을 기록합니다. 지역별 관심도
는 서울, 부산, 경기도 순으로 2017년부터 관심도가 증가하여

대통령직속 4차산업혁명위원회가 출범한 이후 2018년에는 전
국적으로 어느 정도 인식이 형성된 것으로 보여 집니다.

그러나 재미있는 사실이 있습니다. 사실상 4차 산업혁명을 촉
발시켰다고 평가받는 독일의 '인더스트리 4.0' 정책에 관한 것인
데요. 전 세계적으로는 4차 산업혁명(4th industrial revolution)보다
인더스트리 4.0(industry 4.0)에 대한 관심과 인지도가 훨씬 높으
며, 더 오래 지속되어 왔다는 점입니다.

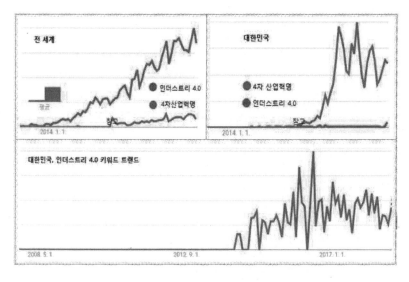

[구글 트렌드 키워드 분석]

'인더스트리 4.0'은 2014년부터 관심도가 증가하기 시작하여
2016년 6월 정점을 기록합니다. 우리나라는 반대로 4차 산업혁
명 키워드가 인더스트리 4.0보다 훨씬 많이 검색되고 있습니다.

그런데 우리 사회 전반에 통용되고 있는 4차 산업혁명이라
는 말은 왜 다른 국가에서는 자주 차용하고 있지 않을까요?
실제로 아마존에서 '4th industrial revolution'이라고 검색하
면 450권 내외의 책이 검색되는데 반해 한국 서점에서는
놀랍게도 17,000여 권에 가까운 책이 검색됩니다.(2020년 3
월 기준) 우리가 그대로 직역해 들여온 까닭에 유독 한국
에서만 많이 쓰이는 고유 명사가 되었음은 부정할 수 없겠
네요. 마케팅 차원에서 우리의 붐업 역량을 이용해 일반화
시킨 연유도 있겠습니다.

이번에는 인공지능에 대해 알아볼까요. 전 세계적인 추세를 살
펴보면 인공지능은 2004년부터 꾸준한 관심이 이어지고 있으
며, 2017년부터 관심도가 급격하게 증가하기 시작합니다. 최근
1년간 가장 관심이 높았던 지역은 중국인 점은 특이합니다. 반
면 한국은 2016년 알파고와 이세돌 대국을 기점으로 관심도가
증가하였습니다. 지역별로 보면 연구소 및 과학기술 대학이 밀
집한 대전의 관심도가 최고로 나타나고 있습니다. 기반을 다지
며 서서히 확산되는 추이보다 우리는 열풍처럼 급격하게 달아
오르는 모양새가 왠지 어색하기도 합니다. 지나치게 4차 산업
혁명이라는 단어에 매몰될 필요는 없겠습니다.

Industrial Revolution of Almost Everything

Chapter 2. 시대 정의

Industrial Revolution of Almost Everything

#12. 일자리 패러다임이 변하는 시대

　예로부터 말은 인류가 길들이기 시작하면서 매우 유용한 수단을 제공해 준 고마운 동물이었습니다. 먼 거리를 빠른 속도로 달릴 수 있었고, 체력도 좋았죠. 전투에서 말에 올라탄 기마병의 위력은 상대편의 기를 눌러놓기에 충분했습니다. 중세 기사에게는 필수적으로 익혀야 했던 무예이기도 했습니다. 이처럼 말은 매우 중요한 자산이자 전략 수단이었지요. 현대 올림픽에서 유일하게 동물이 참여하는 승마 종목이 잔존하는 것을 보면 말에 대한 인간의 경외 혹은 친근함을 느낄 수 있습니다.

　그러나 산업혁명 시대가 도래 했습니다. 기계가 발전하기 시작했고 증기 기관, 전기 등의 동력원이 발전하며 인류는 자동차를 만들고 배, 비행기를 만들며 육해공을 불문하고 더 빠르고 정확하고 지치지 않고 일을 하는 기계를 만들어 왔습니다.

 그러면서 점차 말은 인간에게서 그 효용을 잃어버리게 되었습니다. 한마디로 순식간에 실업자 신세가 된 것이죠. 지금 시대에 우리가 말을 탈 이유가 있을까요? 승마나 경마를 제외하고는 말은 풀을 뜯는 일 밖에 인간을 위해 할 것이 없습니다. 그렇다고 말고기가 사실 대중적인 음식도 아니잖아요?(웃음)

 인류도 비슷한 걱정을 하고 있습니다. 일자리 문제죠. 사실 이 문제는 적어도 200년 동안 때론 광포하다고 할 만큼 격렬한 논쟁의 대상이었습니다. 앞서 거론했듯이 1차 산업혁명으로 등장한 자동 방직기 때문에 일자리를 잃을 위험에 처한 한 무리의 영국 직물 노동자들이 전설 속의 로빈 후드 같은 네드 러드(Ned Ludd)라는 인물을 중심으로 모여, 공장과 기계를 파괴했던 러다이트 운동이 있었죠. 이 사례로부터 대규모 자동화가 작업장에 도입될 때 그것이 사람들의 임금과 고용에 어떤 영향을 미치는가를 보여주는 연구가 시작되었다고 봐도 과언이 아닐 것입니다.

 미래 일자리의 낙관론을 주장하는 학자들은 기술 발전으로 일부 노동자가 일자리를 잃는 것은 분명한 사실이지만, 자본주의가 근본적으로 창의적인 특성을 지니기 때문에 대개 그보다 더 나은 다른 기회가 주어질 것이라는 것, 따라서 실업은 일시적인 것일 뿐, 심각한 문제가 아니라는 것을 주장합니다.

1915년 존 베이츠 클라크(John Bates Clark)는 이렇게 주장했습니다. "고도로 역동적인 현실(경제)에서 그런 비고용 노동력이 언제든 공급되는 것은 아니며, 실업자가 아예 없는 것은 가능하지 않을뿐더러 정상적이지도 않다. 노동자가 복지를 누리려면 발전이 계속 이루어져야 하며 발전은 노동자들을 일시적으로 이동시키지 않고서는 이루어질 수가 없다."

요컨대 자본주의의 창의력은 대기 노동력의 공급을 필요로 하며 그 노동력은 이전의 기술 발전으로 일자리를 잃은 사람들에게서 나온다는 것이죠.

반대 측 논리도 있습니다. 1983년 레온티예프는 "트랙터가 발명되면서 말이 필요 없게 된 것처럼, 많은 노동자들도 결국 영구 실업 상태가 될 것이다. 노동자와 조직이 기술 변화에 적응하는데 시간이 걸린다는 점을 인정하고 나면, 가속되고 있는 기술 변화가 기술적 실업의 가능성을 증대시키고 격차를 더 버릴 수 있다는 점이 분명해진다."고 주장하기도 했습니다.

언론 매체에서는 미래에 사라질 일자리를 순위까지 매겨 앞다투어 보고하고 있습니다. 텔레마케터 99%, 회계사 94%, 택시기사 89%, 프로그래머 48%, 판사 40% 뭐 이런 식으로요. (웃음) 이런 자료는 제대로 된 조사가 아니라고 생각합니다. 예

를 들어 일자리가 로봇이나 인공지능에 의해 대체된다는 전제
는 같이 하더라도 대체로 인한 효율이나 고객 경험, 안정성,
대체재 등을 함께 고려하며 동향을 예측해야지 단편적인 수치
로 그 가능성을 재단하는 것은 위험하기 때문입니다.

지금은 이러한 일자리의 이동이 이제 막 시작된 참입니다. 예
를 들어 수년전만 해도 유튜버라는 직업은 없었습니다. 그러나
이제는 누구나 성공을 꿈꾸는 하나의 직업이 되었죠. 전업 유
튜버가 생긴 것입니다. 디지털 유목민이란 신조어도 생겼습니
다. 언제 어디서든 노트북, 스마트폰 등 디지털 디바이스만 있
으면 인터넷에 접속해 블로그를 작성하거나, 물건을 판매하거
나, 영상을 찍어 콘텐츠를 공유하면서 돈을 버는 사람들이요.
전통적 임노동 관계, 작업장에 구애받지 않고 자기 자신의 콘
텐츠나 스킬 등을 플랫폼을 활용해 자유롭게 노동을 제공하고
돈을 법니다. 말 그대로 ICT 기반 플랫폼 노동자의 탄생이 이
젠 하나의 트렌드가 되어 가고 있습니다.

우아한 형제들의 배달의 민족은 1인 가구 증대와 더불어 배달
문화의 트렌드를 주도하며 배달 종사자가 큰 폭으로 증가했지
요. 쿠팡 역시 쿠팡플렉스를 통해 희망하는 사람은 언제든 자
기 지역내 물류 배송을 할 수 있게 되었습니다. 이에 배달 운
전자가 특수형태 근로 종사자는 고용보험이 적용되지 않고 산
재보험 적용이 어렵다는 문제가 제기되기도 했는데 이를 위해

배달종사자 안전망 강화를 위한 방안이 4차산업혁명위원회를 통해 논의되어 해결책을 강구하고도 있습니다.

이처럼 플랫폼 종사자는 대리운전기사, 가사 도우미, 배달기사, 문화예술 및 정보기술 분야에 이르고 있는데요, 최근에는 건설, IT, 컨설팅 등 새로운 영역에서도 플랫폼 기업이 속속 등장하고 있어 플랫폼 종사자 수는 앞으로 더 확대될 전망입니다. 기술발전의 결과는 네 번째 버전의 산업혁명에서 평생직장, 정규직의 개념이 모호해 지거나 새로운 방식의 일자리를 탄생시키는 등 노동의 미래를 새로 정립해가고 있습니다.

#13. 미래 예측이 보다 정확해지는 시대

고대 바빌론 사람들은 어려운 딜레마에 직면하면 캄캄한 밤에 신전 꼭대로 올라가 하늘을 관측했습니다. 바빌론 사람들은 별들이 우리의 운명을 결정하고 우리의 미래를 예언한다고 빈었죠. 그들은 별을 관측함으로써 결혼을 할지 말지, 밭을 갈지 말지, 전쟁을 할지 말지를 결정했습니다.

유대교와 그리스도교처럼 성경을 지닌 종교들은 다른 이야기를 했습니다. "별은 거짓말을 한다. 별을 창조한 신이 우주의 모든 진리를 계시한 것이 바로 성경이다. 그러니 별 관측은 그만두고 성경을 읽어라"라고 말이죠. 사람들은 어떤 선택을 내릴 때 성경을 읽고 그 조언을 따라 행동했습니다. 또한 성경이

의미하는 미래를 다양한 관점에서 해석하고, 믿고 또 의존하고
있죠. 현재까지도 말이죠.

[노스트라다무스(왼쪽), 레이 커즈와일(오른쪽 위), 스티븐 호킹(오른쪽 아래)]

대부분 노스트라다무스(Nostradamus)의 예언서를 호기심에 읽
어본 적이 있을 것입니다. 노스트라다무스는 1500년대를 살
았던 중세시대 프랑스의 천문학자, 의사이자 대표적인 예언가
였습니다. 942편에 달하는 4행시로 엮인 이 예언집 '모든 세
기(Les Prophetie)'는 자신의 점성술에 의존해 작성되었습니다.
난해한 싯구는 모호한 표현으로 그 의미를 여러 가지로 해석
하게 합니다. 심지어 종말의 시기를 예언하기도 했는데 한때

사회적 이슈로 뜨거웠던 적이 있었죠. 이처럼 촛불이 흔들리는 형태나 별의 위치, 특별한 자연 현상을 두고 수많은 예언가들은 비과학적인 예측을 이어 왔습니다. 사람들은 알 수 없는 내일을 조금이라도 먼저 보고 싶어 했는지 여러 가지 방법으로 저마다의 해석을 곁들이며 다양한 미래상을 믿거나 전해왔습니다. 저는 얼마 전 딸에게 타로 카드를 사주고 카드 점을 함께 보기도 했습니다.(웃음)

그러나 지금은 4차 산업혁명의 시대입니다. 우린 넘쳐나는 데이터의 홍수 속에 살고 있습니다. 기존보다 빠르고, 정확한 데이터 분석 기술이 등장했고, 통계 기법이 발전했지요. 컴퓨팅 파워가 증대되어 복잡한 연산을 통해 더 정교한 추이나 결과를 볼 수 있게 되었습니다. 과거에는 상상조차 할 수 없었던 기상 현상을 예측할 수 있게 되었고 복잡한 경제 현상을, 사회적 인식을 비교적 자세하게 그려볼 수 있게 되었습니다.

레이 커즈와일은 2045년을 특이점(Singularity)으로 설정하고 인공지능이 인간을 뛰어넘는 시점이 될 것이라 예측했습니다. 또한 의료 기술, 헬스케어 산업의 발전은 생명의 획기적인 연장을 가져올 거라고 주장하기도 했지요. 얼마 전 타계한 우주물리학자 스티븐 호킹(Stephen Hawking)은 외계인의 존재를 확신하기도 하며 외계인이 선량하거나 지구인보다 미개하다는 보장이 없는 이상 지구를 멸망시킬 수도 있는 위험한 존재이니만큼 우리가 먼저 외계인을 찾아나서는 것은 어리석은 행위라고 주장하기도 했습니다. 또한 인공지능 등 기술발전이 가져올 어두운 단면을 조심할 것을 경고하기도 했지요. 클라우스 슈밥, 토마 피케티, 유발 하라리, 제레드 다이아몬드, 제레미 리프킨 등 저명한 학자 및 작가들은 다양한 데이터를 통해 보다 정교한 예측을 내놓고 있습니다. 이른바 각광받고 있는 현재의 미래학자들이죠.

도구들도 점점 발전하고 있습니다. Accuweather라는 일기예보 서비스는 이제 '몇 분 뒤 비가 멈출 예정'이라는 세밀한 예측을 합니다. 제가 실험을 해봤더니 실제로 제시된 시간 내에 비가 멈춘 적도 있었습니다!(웃음) 유전자 검사 및 분석 기술의 발전으로 이제 저렴한 비용에 미래에 걸릴 질환을 미리 예측해 볼 수도 있게 되었죠. 빅데이터를 기반으로 하는 인공지능의 발전은 이러한 추세를 다방면에 걸쳐 더욱 획기적으로 발전시킬 것으로 생각됩니다.

#14. 모든 사물이 연결되는 시대

저는 애플의 아이폰을 오래도록 써 온 애플의 충성도 높은 고객이었습니다. 그러나 언제부턴가 지나치게 높은 가격, AS의 어려움, 버전 업 이후 지난 시리즈 제품 성능이 퇴보하며 스마트 폰을 바꿀 결심을 했습니다. 경쟁사인 삼성 갤럭시 제품으로 갔을까요? 아닙니다. 이번에는 중국의 샤오미 폰을 사용해 보기로 했습니다. 20만 원 가량의 가격대로 부담 없이 사용하고 1년 정도 사용 후 고장 나면 새 폰을 살 심정이었습니다. 그러나 제품을 직접 사용해보고 기존 생각을 싹 바꾸게 되었죠. 생각보다 성능이 좋았기 때문인데요, 말 그대로 가성비가 매우 훌륭했습니다.

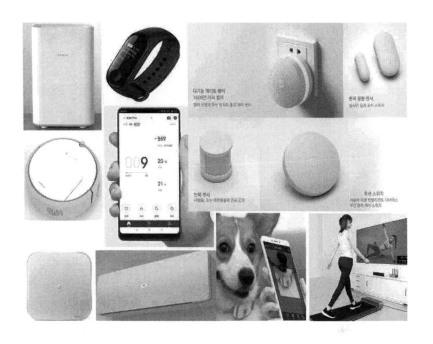

특히 스마트 폰 외에 매우 다양한 디지털 제품을 생산하면서 상호간 연결되도록 생태계를 구축하면서 그 진가를 나타내기 시작했습니다. 스마트 밴드, 체중계, 로봇 청소기, 러닝머신, 애완견 추적기, 심지어는 쓰레기 통 까지 생활상 필요한 다양한 물건의 데이터를 폰 하나로 기록하고 조회, 제어할 수 있게 된 것이지요. 물론 구글, 삼성을 비롯해 거대 공룡 기업들이 내놓는 플래그 쉽 모델들의 활약이 더 뛰어남은 굳이 거론할 필요도 없겠죠. 제가 주목하고 싶은 것은 사물 인터넷의 대중화에 대한 기여도 부분입니다.

이처럼 사물 인터넷(Internet of Things)은 4차 산업혁명 시대의 체감을 높여주는 핵심 영역입니다. 각종 사물에 센서와 통신 기능을 내장하여 인터넷에 연결하는 기술. 즉, 무선 통신을 통해 각종 사물을 연결하는 기술을 의미합니다. 이것이 있어 데이터는 생산되고, 인공지능도 똑똑해 집니다. 그럼으로써 인간에게 직접적인 효용을 가져다주지요. 정보 기술 연구 및 자문회사 가트너(Gartner, Inc)에 따르면 2009년까지 사물인터넷 기술을 사용하는 사물의 개수는 9억여 개였으나 2020년까지 이 수가 260억 개에 이를 것으로 예상한다고 합니다. 거의 모든 환경이 '연결되어 상호 제어' 된다는 얘기입니다. 그러고 보니 제 스마트폰에만 여러 개의 블루투스가 연결되어 있네요. 스마트 밴드, 무선 이어폰, 무선 키보드, 스피커, 체중계, 크롬캐스트, 로봇청소기까지요. 이 추세는 더욱 늘어날 것이고 나중에는 뭐가 뭔지 알 수도 없겠네요.(웃음)

심지어 인간의 몸에 스마트 칩이 이식되거나 보이지 않는 작은 형태로 부착된다면 스마트 폰을 사용하던 손은 자유로워질 것이고 우리는 새로운 세상에서 전혀 다른 방식으로 살아갈 수 있겠죠. 그런데 그게 실화가 되고 있습니다.

뭔지 뭐를 시대적 영웅 같은 분이 계시죠. 바로 엘론 머스크(Elon Musk)가 설립한 두뇌 이식 칩 개발 스타트업 '뉴럴링크(Neuralink)'입니다. 뉴럴링크는 뇌의 뉴런이 시냅스를 통해 정보를 주고받을 때 발생하는 미세한 전기 신호를 읽어 들여 원격으로 사물을 제어하고자 하는 목표를 갖고 탄생했죠. 일론 머스크는 뉴럴링크를 창립할 때 사지마비로 고통 받는 사람들이 자신의 생각만으로 컴퓨터나 스마트폰을 제어할 수 있게 하는 것이 목표라고 밝혔습니다. 슈와르츠 연구팀과 브라운 대학의 연구팀은 2011년, 두 명의 사지마비 환자의 뇌에 "브레인게이트" 신경 인터페이스를 이식해 생각만으로 로봇 팔을 움직여 커피 잔을 들어 마실 수 있음을 보인바 있습니다. 하지만 10여년이 지난 아직까지 여러 난점으로 인해 현실에서 사용되지 못하고 있는데요. 뉴럴링크는 바로 그 지점을 돌파하려 하고 있습니다.

한편으로는 시간이 지날수록 일론 머스크의 최종 비전이 여기저기서 드러나고도 있습니다. 바로 사람 두뇌를 컴퓨터와 연결해 디지털 정보를 뇌에 업로드하거나 사람의 생각을 컴퓨터로 다운로드하는 것이죠. 즉, 인간과 인공지능(AI)을 결합시켜 인간에게 초 지능(super intelligence)을 부여한다는 게 바로 그의 바람인 셈입니다. 마치 신성에 도전하는 셈이죠. 공상과학 영화에서나 보던 텔레파시로 소통하고, 위험하고 거대한 물건을 생각만으로 조종한다고 생각해보세요. 꽤나 흥미로운 일들이 벌어질 것 같군요.

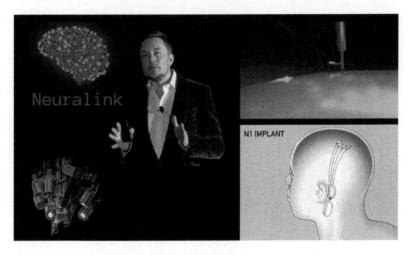

[뉴럴링크 개념도 / © neuralink.com]

그의 바람이 허황된 것 같지는 않습니다. 뉴럴링크는 1,500
개의 전극을 이식한 쥐의 뇌가 무선으로 컴퓨터와 정보를 전
송받아 읽을 수 있었다고 했죠. 뉴럴링크는 쥐의 뇌에 3,000
개가 넘는 플렉시블 폴리머 전극을 삽입할 수 있다고 밝혔습
니다. 그 후엔 원숭이를 제어하는데도 성공했다고 하죠. 머스
크는 "우선 많은 뇌 관련 질병을 해결할 것이라고 생각한다.
자폐증, 정신분열증 및 기억 상실과 같은 것이 될 수 있다. 이
작업을 수행하려면 세부 수준에서 뉴런과 인터페이스 할 수 있
어야 하며 올바른 뉴런을 발화하고 올바른 뉴런을 읽은 다음
효과적으로 회로를 만들어 결국 이 같은 기능을 하게 될 것"이
라고 말했습니다. 이제 연결의 종착점은 인간의 뇌로 향해오고 있습니다.

#15. 소비자 혁명의 시대

휴대폰을 뜻하는 'Phono'와 생각, 지성을 뜻하는 'Sapiens'의 합성어인 '포노 사피엔스(Phono Sapiens)'란 '생각하는 사람'이라는 의미의 호모 사피엔스(Homo Sapiens)를 의미하는 것으로 '스마트폰 없이 살아가기 힘들어하는 세대'를 뜻합니다. 2015년 3월, '포노 사피엔스'라는 용어를 처음 소개한 영국의 경제 주간지 이코노미스트(The Economist)에 따르면, 현재 전 세계 인구의 절반이 스마트폰을 가지고 있는 것으로 추정되며, 다가오는 2020년에는 인구의 80% 이상이 스마트폰을 소유할 것이라 전망했습니다. 2017년 말, 우리나라 스마트폰 가입자 수는 48.7백만 명으로, 전체 인구의 94.0%, 휴대폰 가입자의

86.8%, 총 모바일 회선의 76.4%에 해당한다고 합니다. 실로 엄청난 숫자입니다.

특히 IMF 이후 태어난 세대들은 스마트 폰을 손에 쥐게 되면서 소셜 네트워크 서비스(SNS)를 통한 대인관계 형성은 물론이고, 금융과 학습, 여가와 취미 생활에 이르기까지 삶의 광범위한 영역을 변화시켜 나가고 있는데요. 비단 개인의 삶뿐만 아니라 비즈니스 구조에도 강력한 영향력을 발휘하고 있습니다. 모바일 전자상거래의 유통 규모가 대형마트도 제쳐버릴 만큼 월등히 커졌으며, 주요 광고매체였던 TV나 라디오가 이젠 그

자리를 유튜브, 넷플릭스 등 새로운 매체에 속속 넘겨주고 있습니다. 기존 시장 생태계를 뒤바꾸고 있는 것이지요. 우리는 지금까지 생산자 위주의 관점에서 변화상을 살펴봤는데 소비자 관점에서 거꾸로 생각하면 이러한 변화를 주도하는 주체가 과연 누구인지 명확해집니다. 이 새로운 세대를 위해 핀테크, 모바일 쇼핑, e북과 웹툰, 영상 콘텐츠 등 모바일 소비에 최적화된 콘텐츠 또한 늘어나고 있는 추세인데요. 사물인터넷(IoT, Internet of Things)의 등장에 따라 스마트폰을 활용한 O2O(Online to Offline)나 스마트 홈(Smart Home)등 새로운 형태의 서비스도 함께 발전하고 있습니다. 1인 크리에이터가 유명해지고 돈을 벌기 시작하면서 초등학생들이 바라는 상위 직업군에 유튜버(Youtuber)가 등장하기도 했습니다.

여담으로 제 딸이 태어났을 때 세상은 이미 아이폰을 중심으로 스마트폰 보급이 일반화되던 시기였습니다. 아이가 기어다닐 무렵(돌이 막 지났을 당시라고 기억됩니다) 당시 일상적으로 스마트 폰을 '밀어서 잠금 해제'하는 부모를 보고 TV앞으로 기어가 '밀어서 잠금 해제'로 TV를 필사적으로 켜고자 애쓰던 모습이 떠오르네요.(웃음) 심지어 요즘 돌이 채 지나지 않은 유아가 본능적으로 유튜브의 광고 스킵 버튼을 누를 줄 안다고 하니 말 그대로 네이티브 포노 사피엔스로 진화했는지도 모르겠네요.

2007년 등장한 아이폰은 세상의 주인을 60대에서 2~30대로 바꿔놓는데 주도적 역할을 합니다. 스마트폰으로 거래하고, 소비하고, 교류하고, 미디어를 보고 듣고 금융 시스템까지 새롭게 바꿔놓은 사회에서 더 이상 기성세대는 문명을 주도할 수 없게 된 것이죠. 한동안 지속된 잡스 열풍을 아직 잘 기억하실겁니다. 역사상 가장 빨리 팔린 기계에 속하는 스마트폰은 현재 세계 인구의 절반 이상이 가지고 있는 것으로 나타났으며, 2020년 말까지 전 세계 인구의 80%가 소유할 것으로 예상됩니다. 폰을 손에 쥐게 된 인류는 새로운 비즈니스를 만들어내고 또 경험하고 이를 공유하며 전에 없던 형태의 기업과 서비스들을 만들어 냈습니다. 동시에 기존의 익숙한 것들과의 작별하는 경우도 점차 늘어나게 되었죠.

먼저 은행에 가는 일이 줄었습니다. 대부분의 은행 업무는 상당 부분 스마트폰으로 해결이 가능합니다. 심지어 최근에는 인터넷 은행이 등장한 후로 직접 거래 건수는 2018년 기준으로 10% 이하로 줄어들었습니다. 실제로 한국씨티은행은 2017년 127개 지점 중 무려 90개를 폐쇄하고 광역별로 통합 센터를 만들어 80%의 지점 폐쇄를 단행했다고 하죠. 제 경험으로 평일 오후 시간대에 방문한 은행에서 텔러분이 여유롭게 책을 읽고 있었던 장면이 잊혀지지가 않는군요. 그 바쁜 은행 창구가 이렇게 변했다니요!(웃음) 저는 이제 '카카오 뱅크'로 대부분의 금융 업무를 처리하고 심지어 계모임 통장도 개설하여 회원들과 공유하고 있습니다. 무엇보다 지겹도록 귀찮게 해 온 공인인증서로부터의 탈출이 거래 은행 이동의 가장 큰 이유가 아니었나 합니다. 최근에는 토스(Toss)나 뱅크 샐러드같은 금융 포털 서비스를 제공하는 핀테크 업체들의 약진도 상당합니다.

모바일 앱을 통해 운전기사와 승객을 중개하는 승차 공유 서비스를 제공하는 우버(Uber)는 차량을 단 한 대도 소유하지 않은 기업으로 '19년 5월 미국 나스닥 시장에 상장된 후 조금 빠지긴 했습니다만 당시 기업 가치는 1200억 달러(약 134조9000억원)에 달하기도 했습니다. 미국의 3대 완성차 업체보다 높은 평가였죠. 음식 배달 서비스(우버이츠)를 보유하고 있으며 중국 디디추싱, 싱가포르 그랩 등 각국 차량 공유 1위 업체의 지분까지 소유하고 있습니다. 미국 뉴욕 출장길에 만났던 한국 근로자 한분은 점심 식사를 밖에서 해결하는 것보다 우버잇츠로 주문해 먹는 것이 일상화되어 있다는 얘기를 해주기도 했습니다. 동남아시아 시장은 말레이시아에서 콜택시 애플리케이션으로 시작된 그랩(Grab)이 주도하고 있죠. 동남아시아 8개국 225개 도시에서 승용차·오토바이·택시 등의 서비스를 제공하고 있는데요. 그랩 앱 누적 다운로드 수가 1억 건을 돌파했고 등록된 운전사 수는 약 700만 명에 달합니다. 저 같은 경우는 동남아시아를 방문할 때 더 이상 택시를 이용하지 않게 되었는데 바로 사용자 경험때문이었습니다. 특히 그랩의 드라이버로 자신의 차량을 이용하여 새로운 플랫폼에서 생계를 꾸려가고 있던 베트남과 말레이시아의 젊은 청년들이 자신의 직업으로서의 자부심이 확고했던 것에 깊은 인상을 받은 기억이 있습니다. 하지만 한국은 유독 이 문제에서 자유롭지 못하죠. 물론 그들 나라도 기존 산업과 신산업 체제에서 겪는 갈등을 무시할 수준은 아닙니다. 그러나 우리의 경우 이 문제는 조금 복잡합니다. 이 이슈는 후단 챕터의 새로운 갈등 부분에서 다시 다뤄보겠습니다.

유통산업은 또 어떨까요. 백화점이나 대형마트의 매출은 전체적으로 감소했으나 온라인 판매는 그 수도, 매출도 급격히 증가하고 있습니다. 미국에서는 2017년부터 2018년 사이, 대형백화점의 1/3이 문을 닫았습니다. 미국 백화점의 상징이자 유통 혁신의 아이콘이었던, 125년 전통의 시어스(Sears) 백화점도 2018년 결국 파산하고 말았죠. 미국 경기가 초호황인데도 대형 백화점이 파산한 이유는 아마존(Amazon)으로 대표되는 온라인 유통 때문입니다. 우리나라의 온라인 연 매출도 100조원을 돌파한지 오래입니다. 이 온라인 유통을 통해 개인이 크게 성공한 사례들도 하나 둘 나오기도 했습니다. 경제·제테크 채널을 운영하고 있는 유튜버 '신사임당'은 180만원 월급쟁이에서 월 순수익 2,000만원을 벌고 있는 온라인 쇼핑 성공담을 전파하고 있고, '에이든'이라는 유튜버는 중국의 알리바바에서 물건을 골라 계약하고, 아마존 FBA(Fulfillment by Amazon)를 통해 판매해 큰 성공을 거둔 이야기를 채널에서 코칭하고 있죠. 노트북과 인터넷만 있다면 물건이 당장 없어도 언제 어디서나 바로 판매자가 되어 돈을 벌 수 있는 시대가 되었음을 보여줍니다.

공유 숙박 중개 업체인 에어비앤비(Airbnb) 역시 방 하나 소유하고 있지 않으면서 숙박 관련 서비스를 제공하고 있지만 창업 10년 만에 400억 달러(약 43조 1,280억원)에 육박하는 가치를 갖고 있습니다. 이처럼 새로운 포노 사피엔스의 시대에 공유 경제를 실현한 기업들은 글로벌 시장에서 막대한 수수료를 벌어들이고 있습니다.

계속해서 거론되고 있지만 보는 것, TV를 넘어선 새로운 매체로 자리 잡은 유튜브(Youtube)는 어떨까요. 구글은 2006년 16억 5,000만 달러에 유튜브를 인수했는데 12년이 지난 2018년, 유튜브 기업 가치는 1600억 달러로 100배 가까이 뛰었습니다. 기존 산업의 관점으로 보면 이해하기가 어려울 정도죠. 재화나 서비스를 만들어 팔고 이윤을 창출한다는 공식이 깨지기 시작한 것입니다. 서로 갖고 있는 것을 공유하거나 소비자가 만든 콘텐츠를 또 다른 소비자가 향유할 수 있게 해준 것뿐인데 기업은 막대한 돈을 벌고 있습니다. 포노 사피엔스의 영향력을 인정하는 전문가들은 스마트 폰이 있었기에 가능한 일이라고 말합니다. 이처럼 유쾌한 사용자 경험은 시장을 창출하고 또 확산시켰습니다. 이러한 현상은 금융에서도, 유통에서도, 미디어에서도 또 다른 분야에서도 계속 나타나고 있지요. 심지어 교육과 일자리 등에서도 말입니다. 이러한 현상을 랑게는 자본주의가 자본주의를 상대로 치르는 투쟁이라 보고 다음과 같이 묘사하기도 했습니다.

'자본주의 시스템의 안정성은 기존의 투자를 보호하기 위해 경제적 진보를 막으려는 시도가 번갈아 나타남으로써 흔들린

다. 그리고 이러한 시도가 실패할 때 엄청난 붕괴가 발생한다.'

경제적 진보를 막으려는 시도는 기득권자에게는 피할 수 없는 선택지이겠지만 역사적으로 늘 실패로 돌아가고 말았죠. 새로운 사업가가 지속적으로 시스템의 가장자리를 훑으며 새로운 혁신을 모색하기 때문입니다. 새로운 혁신을 갖고 탄생한 서비스가 생산성을 높이고 가격을 낮추거나 진입장벽을 터 버리면 기존 고객은 가치의 판단과 사용자 경험에 따라 자연스레 이동하게 되겠지요. 우버와 그랩, 에어비앤비 등은 차와 호텔이 없이도 공유경제를 통해 시장을 창출해 냈습니다. 유튜브는 영상 제작 하나없이 사용자끼리 영상을 공유하게 했고, 카카오 뱅크는 오프라인 점포 하나 없이 2년 만에 1,000만 가입자라는 대성공을 거둡니다. 포노 사피엔스 세대가 무엇에 열광하는지, 어떤 소비를 하는지, 어떤 가치를 우선하는지 여실히 보여주는 척도가 되고 있습니다.

#16. 유튜브 혁명

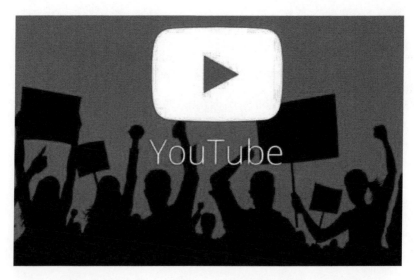

4차 산업혁명, 초 연결 사회는 미디어를 통한 소비 패턴과 역할을 바꿔내고 있습니다. 특히 정보 검색, 확산의 새로운 채널

이자 커뮤니티 플랫폼으로 패러다임 시프트를 주도하고 있는 유튜브는 포노 사피엔스의 가장 강력한 집단 지성의 도구로 현재 활용되고 있습니다. 지금은 유아층과 노년층까지 전 세대를 막론하고 그 유입이 더 많이 늘어나는 것 같기도 하죠.

유튜브는 2005년 5월 실리콘 차고지에서 페이팔(Paypal) 멤버였던 스티브 첸과 채드 헐리가 공동 창업한 동영상 공유 사이트입니다. 구글은 2006년 16억 5,000만 달러(1조 6,000억 원)에 유튜브를 인수하면서 그 가치는 더욱 증대되었습니다. 초창기에는 실시간 스트리밍으로 영상을 공유한다는 개념이 생소했습니다. 유선 인터넷이나 가능할까 모바일에서 비싼 데이터 통신을 통해 영상을 감상한다는 것은 보편적 방식과는 다소 괴리가 있었죠. 당시 와이파이 속도도 그리 빠르지 않아 선명한 화질을 기대하긴 어려웠습니다. 또한 플랫폼 내 콘텐츠가 많지 않던 상황에서 그저 그런 하나의 동영상 플랫폼으로 인식한 사람들도 많았지요.

그러나 불과 몇 년 지나지 않아 유튜브는 폭발적 성장을 하게 됩니다. 마치 애플 앱 스토어 플랫폼이 단기간에 전 세계의 앱이 들어찬 것처럼 누구나 자유롭게 영상을 만들어 광고를 붙이고, 수익을 낼 수 있다는 모델은 진입장벽 없이 꽤나 간단한 절차로 가능한 일이었기 때문이었습니다. 게다가 그 새 통신 속도는 더욱 빨라지고 스마트 폰 스펙은 눈부시게 발전했습니다. 포노 사피엔스는 즉각적이고 생생한 영상 콘텐츠에 열광하기 시작했습니다. 여담입니다만, 부부의 침실 문화도 바꿔 놓았다는 우스갯소리도 나오곤 합니다. 예전에는 도란도란 이야기하다 잠들었던 반면 지금은 각자 이어폰을 끼고 서로 다른 유튜브 콘텐츠를 소비하다 잠드는 것이 아주 일상적이란 이야기죠.

유튜브의 영향력은 실로 대단했습니다. 사회적 명망가가 아닌 일반인이 자유롭게 만든 콘텐츠를 전 세계가 동시에 시청하고 또 의견을 교환합니다. 기존 미디어 매체의 한계를 고스란히 대체하게 된 것이죠. 특히 일방직 TV 방송국은 이로 인해 전례 없는 위기를 경험하고 있습니다. 제가 만났던 모 방송국 PD는 유튜브와 넷플릭스 같은 뉴 미디어 플랫폼의 등장과 트렌드 주도로 인해 방송국의 재정 악화와 시청률 저하는 회복하기 힘든 수준으로 가고 있다는 걱정을 토로하기도 했었죠.

모건 스탠리(Morgan Stanley)에 따르면 2018년 1,600억 달러(180조원)로 추산된 유튜브 기업가치는 현재 200조 원이 넘는 것으로 평가되고 있습니다. 기업가치가 15년 만에 125배나 커진 셈입니다. 루스 포랏(Ruth Porat) 구글 최고재무책임자(CFO)는 구글이 보유한 사업 중 유튜브가 현재 가장 수익성이 높다고 밝히기도 했습니다. 또한 미국 IT 전문매체 더인포메이션에 따르면 유튜브 광고 매출은 미국 메이저 방송사인 NBC의 2019

년 광고 매출(약 $60억)보다 2.5배 높고, CBS, Fox, ABC 등 메이저 방송사를 모두 뛰어넘는 수준을 기록했다고 보도했습니다.

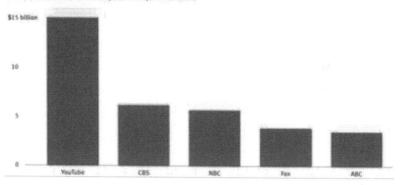

[미국 매체 광고 매출 / ⓒ The information]

국내 동영상서비스 시장 점유율도 80%를 넘어섰습니다. 앱 분석업체 '와이즈 앱'에 따르면 2019년 4월 유튜브 이용자는 3,271만 명으로 2018년 4월의 2,924만 명에 비해 12% 증가했다고 합니다. 이용시간은 작년 4월 총 258억 분에서 올해 4월 388억 분으로 50% 늘어났는데 이는 카카오톡(225억 분), 네이버(153억 분), 페이스북(42억 분) 보다 월등한 양이지요. 또한 전 연령층에 걸쳐 사용시간 1위이며, 스마트폰 사용시간의 86%를 차지했다고 보도했습니다.

지상파 TV 시청률이 무너지고 있다는 분석도 있습니다. 미디어오늘이 시청률조사기관 닐슨코리아에 의뢰해 2000~2018년 (1~6월)까지 21세기 프라임시간대(오후 7시부터 11시) 수도권 시청률 추이를 확인한 결과, 지상파 채널 시청률이 절반으로 줄었다고 합니다. 30대 시청률은 1/3, 20대 시청률은 1/5로 급감했다고 밝혔습니다. 그 많던 시청자는 지금 스마트폰으로 매체를 달리했고 유튜브나 넷플릭스 등의 앱을 통해 미디어를 소비하고 있다는 것이죠.

유튜브는 이제 중요한 사회의 커뮤니케이션 시스템으로 작동하기 시작했습니다. 손쉬운 참여, 공유, 활용, 비판과 같은 상호작용을 통해 개인, 집단, 조직, 공동체, 사회의 상호의존성을 공감하게 하고 공동체로 묶는 역할을 하죠. 정보와 오락기능은 물론이고 정치, 경제, 문화 분야에서도 새로운 변화를 견인하고 있습니다.

최근 중년 또는 실버세대들의 유튜브 유입이 본격화되기 시작했다는 보도를 보신 적 있으실 겁니다. 본인들이 경험하고 이해하고 있는 것을 바탕으로 기존 방송을 시청하는 과정 중에 여러 보도들 속에 녹아있는 내용이 신뢰가 가지 않는다고 여기기 시작했고 방송국 스스로 자의적인 판단을 방송으로 내 보내는 것에서 소위 '가짜'라는 인식이 팽배해지면서부터 유튜브로 시선을 돌려 일종의 붐이 일어난 것으로 생각됩니다. 제가 일하고 있는 광화문 등지에선, 유튜버가 되어 열정적으로 방송을 하고 계신 어르신들 모습을 어렵지 않게 찾아볼 수 있습니다. 재미와 즐거움을 넘어 뉴스와 시사정보를 공유하는 채널로도 부상했다는 반증이기도 할 것입니다. 단, 유튜브를 활용한 가짜 뉴스는 빼고 말이죠.(웃음)

유튜브는 1인 크리에이터라는 새로운 직업의 지평을 열며 유튜버로서의 성공이 금전적인 성공까지 이어지고 있음을 보여줍니다. 얼마전 유튜버가 강남의 빌딩을 샀다는 보도를 보신 적 있으실 텐데요. 저도 이번에 유튜버 수입에 대해 자료 업데이트하다가 알게 되었는데, 이 정도로 돈을 많이 벌고 있는지 몰랐습니다. 보람튜브의 경우 구독자가 2,100만 명을 넘고 연 수익이 100억 원을 넘는다고 알려졌죠. 웬만한 코스닥 상장 회사보다 높은 수익입니다. 보겸TV, 허팝 등 유명 유튜버 역시 엄청난 수익을 올리며 유튜브 열풍을 가속화하고 있습니다.

중국에서는 '왕뤄훙런(网络红人)'의 줄임말로 온라인상의 유명 인사를 가리키는 왕훙이 등장했습니다. 이들은 주로 웨이보, 타오바오몰 등에서 활동하며 최소 50만 명 이상의 팬을 보유한 일반인으로 이들을 활용한 마케팅 전략이 막대한 성공 요인으로 떠오르고 있는데요, 이들의 활약으로 소비의 질이 향상되고, 상품 구매용의 전자상거래가 정보, 문화, 트렌드를 공유하는 플랫폼으로 진화하게 되었지요.

유튜브에서 인기를 얻고 화제가 되면 세계인에게도 매력적인 현상이 될 수 있다는 것을 확인했죠. 바로 BTS(방탄소년단)가 대표적이죠. 2018년, 빌보드가 발표한 '빌보드 200' 차트에서 K팝 최초로 1위를 차지했다는 소식은 정말이지 충격 그 자체 였죠. 12년 만에 영어가 아닌 외국어로 된 앨범이 차지한 1위 이자, 한국 가수로서 최초의 기록 달성이라는 것은 거의 불가 능에 가까운 일이었기 때문입니다. 그 이후 BTS는 전 세계적 인 팬덤을 일으키며 HOT100 차트 Top10 진입과 더불어 각 종 상을 싹쓸이 하게 됩니다. 2020년 3월 현재 BTS는 빌보드 4번째 1위를 차지하며 역사를 써 내려가고 있는 중입니다. 이 제 해외 출장이나 여행길에 현지 방송 채널에서 BTS를 만나는 일이 어렵거나 신기한 일이 아니게 되었죠. 저 같은 경우 유럽 이든, 동남아시아든, 미국이든 가는 곳마다 TV에서 BTS 소식 을 접했으니까요.(웃음)

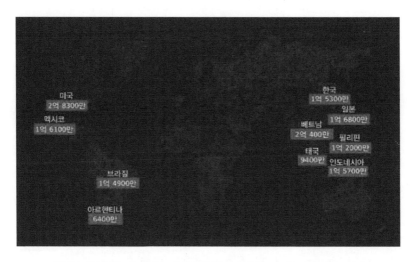

미국
2억 8300만

멕시코
1억 6100만

한국
1억 5300만

일본
1억 6800만

베트남
2억 400만

필리핀
1억 2000만

태국
9400만

인도네시아
1억 5700만

브라질
1억 4900만

아르헨티나
6400만

[BTS 유튜브 조회수 기준 상위 10개국 / © Bloter.net]

아무튼 전설의 그룹 비틀스(Beatles)와 비교되는 이 엄청난 아이돌의 성공의 이면에는 바로 포노 사피엔스와 유튜브가 있었다는 것입니다.

이들은 기존 자본과 대중 매체가 소비자의 선택을 만드는 시대에서 소비자의 선택이 새로운 시장을 만드는 시대에 성공한 대표적인 케이스가 되었습니다. 기존 대형 기획사와 방송사 라인이 없으면 데뷔조차 힘든 관행을 깨고 BTS는 유튜브를 통해 데뷔하게 되었습니다. 그들의 팬클럽 '아미(Army)'는 전 세계에 퍼져 있습니다. 신곡이 나오면 실시간으로 각 나라의 언어로 번역되어 유튜브에 게재되고 이는 또다시 확대 재생산되면서 퍼지게 됩니다. 지상파 방송에 의지했던 다른 아이돌 그룹과

차원이 다른 접근입니다. BTS의 신곡 'Idol'은 공개 후 24시간 동안 유튜브 최다 조회수 신기록을 세우기도 했습니다.

이처럼 소비자의 자발적 선택이 신산업을 선도하는 시대가 되었습니다. 자본과 대중 매체가 소비자의 선택을 유도하는 시대가 있어왔다면 BTS 이후로는 소비자의 선택이 새로운 시장을 만드는 시대로 전환이 시작된 셈입니다. 새로운 플랫폼은 ICT 기업이 만들었지만 결국 이를 발전시키고 전환시킨 주체는 새로운 시대의 소비자였던 것입니다. 앞서 여러 예를 들며 설명을 했습니다만, 새로운 수요가 몰려 임계점을 넘으면 하나의 폭발적인 히트 상품이 만들어지고 이후 새로운 산업으로 확산되면서 거대한 패러다임이 굴러가게 됩니다. 자동차가 그랬고, 스마트폰이 그랬습니다. 지금 규제에 막혀 세계 트렌드에 제대로 대비하지 못하는 산업들, 다음 차례로 자율주행자동차나 헬스케어 등 그 무엇이 사용자가 원하는 변화의 압박으로 다가올지 알 수 없습니다. 마치 코로나19 사태로 인해 원격교육, 원격의료, 원격회의 같은 언택트(untact) 수요가 순식간에 늘어난 것처럼 말이죠.

#17. 디스토피아의 반격

인공지능과 기반기술 등의 발전으로 우리는 대체로 유례없이 편리한 세상을 살아가게 될 것으로 전망되고 있습니다. 그러나 동시에 급격한 기술발전에 따른 반론, 어두운 전망도 설득력 있는 논리로 제시되고 있지요. 알파고가 이세돌을 이겼을 때 인공지능 기술에 대한 경외와 찬사가 이어진 반면 인공지능에 대한 두려움을 느낀 사람도 많았다고 합니다. 고도화된 지능정보기술이 새로운 일자리를 만들고 인류의 복지에 기여할 것이라는 낙관론과 함께 로봇, AI의 등장으로 인간노동의 잉여화가 초래되고 극소수 자본가와 소수 기술엘리트만 '슈퍼 리치'가 되면서 양극화가 심화될 것이라는 비관론이 동시에 대두되고 있죠.

[KCERN 제36차 공개포럼 4차 산업혁명 일자리 진화 중]

또한 거대 플랫폼 기업이 막대한 개인정보 데이터를 기반으로 한 권력을 휘두르게 되면서 국가의 개념을 초월하고 전 세계가 하나의 독재자에 종속될 수 있다는 시나리오도 나옵니다. 마치 조지오웰(The George Orwell)의 소설 '1984년'에 등장하는 '빅 브라더'처럼 말이죠. 실제로 현재 시점에도 우리의 정보 대부분은 구글, 페이스북, 네이버, 카카오 같은 ICT 플랫폼 거대기업이 소유하고 있습니다. 이들이 자칫 개인정보 오남용을 저지르거나 해킹을 당한다면 역시 재앙에 가까운 일이 닥칠 수도 있습니다.

2018년은 아마도 페이스북 최악의 해였을 것인데요, 그해 5월에는 소프트웨어 버그 때문에 사용자들이 게시글을 올릴 때

'대상 제안(suggested audience)'으로 조정했던 것이 전부 '전체 공개'로 전환되는 일이 일어났습니다. 1천 4백만 사용자가 여기에 영향을 받았죠. 즉, 1천 4백만 명이 '친구들에게만' 공개 혹은 비공개 공개하려고 했던 내용을 원치 않게 모두에게 보여주게 된 것이죠. 이는 매우 위험한 프라이버시 남용 사건이었습니다. 또한 9월에는 View As 기능의 오류를 해커가 익스플로잇* 했다는 발표가 있었고 사용자 5천만 명의 접근 토큰이 도난당하는 일이 일어나기도 했죠. 12월에는 서드파티 앱이 사용자가 공개하지 않은 사진에 접근할 수 있게 해주는 버그도 발견됐고 이 때문에 680만 명 사용자가 피해를 입기도 했습니다.

메리어트 호텔에서는 약 5억 명의 숙박 객 데이터가 2014년부터 노출된 채 유지되어 온 일이 드러났습니다. 해커들은 메리어트 소속 스타우드(Starwood)의 예약 정보 데이터베이스에 접근해 소셜 엔지니어링 공격자들이라면 누구나 군침을 흘릴만한 정보 패키지를 얻어내는 데 성공했죠. 즉, 이름, 우편 주소, 전화번호, 이메일 주소, 여권 번호, 스타우드에서 발급해주는 숙박객 계정 정보, 생년월일, 성별, 도착 및 출발 일자, 예약 일자, 선호하는 연락 방법 등이 공격자들의 손에 넘어간 것입니

---

* 취약점 공격이라고도 한다. 컴퓨터의 소프트웨어나 하드웨어 및 컴퓨터 관련 전자 제품의 버그, 보안 취약점 등 설계상 결함을 이용해 공격자의 의도된 동작을 수행하도록 만들어진 절차나 일련의 명령이다.

다. 심지어 일부는 지불카드 정보도 도난당하기도 했습니다. 이처럼 네트워크상 유통, 보관되고 있는 민감 정보들은 앞으로 수집, 활용량이 더욱 증대될 것이지만 그만큼 도용, 악용되는 사례 역시 만만치 않게 증대될 것으로 보여집니다.

시대의 디스토피아는 우리 사회에 다양한 방법으로 나타나고도 있습니다. 2018년 11월 24일 서울 서대문구 KT 아현 지사에 화재가 발생해 일대 지역 통신이 잠시지만 불통되는 사고가 발생했었습니다. 다행히 인명 피해가 없어 시설 복구만 끝나면 다시 평온한 일상으로 돌아갈 줄 알았지만 생각지도 못한 재난은 그 후에 발생했죠.

서울 강북지역과 고양시 일부(특히 지역번호로 02를 사용하는 지역인 삼송지구) 등, 북서부 수도권 지역에서 유·무선 통신에 장애가 일어나면서 가족과 친구에게 연락할 방법이 없어 사람들은 공중전화를 찾아 헤맸고, 식당과 가게 등에서는 카드 결제가 안 돼 외상으로 계산을 하기도 했고, 손님을 받지 못하는 진풍경도 일어났습니다. 일부 경찰서의 112 신고 시스템도 한동안 작동하지 않았고, 종합병원에서는 의료진 연락수단인 '콜 폰'도 먹통이 됐습니다. 마치 1980년대 이전으로 돌아간 것 같은 장면이었습니다. 공기처럼 우리 삶에 너무도 익숙해 큰 신경 쓰지 않고 살아가던 '연결'이란 수단이 끊기자 재난 수준의 혼란이 찾아온 것인데요, 우리의 삶 대부분이 그리고 필수적인 활동들이 온라인과 함께 24시간 작동하고 있다는 사실을 반추하게 된 사건이었습니다. 한동안 구내식당을 이용하지 않고 동료들과 피해지역 근방 식당에 나가 매출에 도움을 드리고자 부러 식사를 해결했던 기억이 나네요.(웃음)

아침에 눈을 뜨고부터 우린 데이터를 생산하고 또 클라우드, SNS, 포털에 연결됩니다. 심지어 자는 동안 수면 활동을 추적한 폰이나 스마트 밴드 활동까지 따지면 24시간 생산 활동은 계속된다고 할 수 있겠습니다. 메신저 앱으로 하루에 수십 건의 메시지를 전달하며 살고, 사진을 찍으면 자동으로 클라우드로 전송해 공유합니다. 금융 업무, 물품 구매, 영상 시청도 모두 온라인에 연결된 스마트 폰을 통해 수행하고 또 기록됩니다.

수많은 개인정보, 위치정보, 건강정보, 금융정보 등 나에 관한 모든 정보, 또 내가 필요한 정보들이 공기처럼 퍼져 돌아다니고 있습니다. 일명 '데이터 경제'가 활성화되면서 앞서 살펴본 페이스북이나 메리어트 호텔의 사고처럼 개인정보 유출에 대한 우려도 큰 상황이지만 막상 통신이 끊겨 인터넷이 먹통이 된다면 우리의 일상은 또 어떻게 달라지게 될까요? 단순히 1980년대 이전 아날로그 방식으로 살면 해결될까요? 아마 재난과 다를 바 없는 상황이 찾아올 것입니다.

4차 산업혁명 디스토피아 가설 중 인공지능 윤리에 대한 이슈도 꾸준히 제기되고 있습니다. 자율 주행차가 장애물과 보행자를 순간적으로 마주했을 때 운전자를 살릴 것인지, 보행자를 살릴 것인지 두 가지 선택만 가능하다면 여러분은 어떤 선택에 손을 들겠습니까? 자율주행자동차 제조업체가 직면한 윤리적 문제와 관련해 가장 많이 언급되는 시나리오 중 하나가 '트롤리 딜레마(Trolley Problem)'입니다.

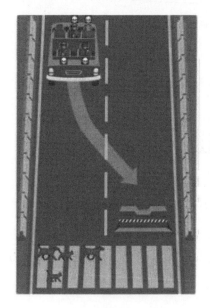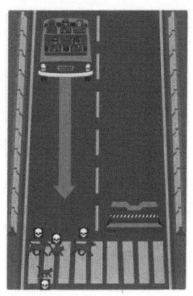

[자율주행 의사결정의 딜레마 / © Senior Planet]

이는 사고가 불가피할 때 자동차의 소프트웨어가 어느 방향을 취할지 결정해야 하는 상황을 의미하는데요. 원래 트롤리 시나리오는 5명이 있는 선로를 향해 달려가는 고장 난 열차와 선로 전환기 앞의 한 사람과 관련된 문제로, 전환기 앞의 결정권을 가진 사람이 아무 행동을 하지 않으면 5명의 사람이 죽게 되고, 전환기를 당겨 방향을 돌리면 1명이 죽게 됩니다. 이제 자율주행자동차 시대에선 전환기 앞의 사람을 자동차의 소프트웨어가 담당하게 되었지요.

만약 사고가 일어날 것이 확실한 상황에서 도로의 한 쪽에는 엄마와 아기가 있고, 자동차 앞쪽엔 한 무리의 어린 학생들이 길을 건너고 있으며, 도로의 다른 쪽은 절벽이라면, 자동차가 내릴 수 있는 가장 윤리적인 결정은 무엇일까요? 자동차가 방향을 틀어 엄마를 치는 것일까, 아이들에게 돌진하는 것일까, 아니면 절벽으로 몰아 차 안에 탄 사람을 죽도록 하는 것일까요? 메르세데스는 이 상황에 대해 자동차는 운전자를 보호할 일차적인 책임이 있다고 발표했으나, 해당 표명은 상황을 잠재우는 대신 '킬러 로봇'이라는 헤드라인으로 장식되기도 했죠.

그러나 기술이 발전하며 실제 상황이 일어날 가능성은 점차 낮아지고 있습니다. 자율 주행차의 메인 라이다(LiDAR)와 레이더, 초음파 센서는 더욱 정밀해지고 통신 및 반응 속도는 더욱 빨라지고 있습니다. 위험을 평가하는 소프트웨어 알고리즘 역시 더욱 정교해지면서 트롤리 딜레마는 점차 해결되어 가는 모양새입니다. 물론 예상치 못한 시행착오는 언제 어디서 발생할지 모릅니다.(웃음)

전장에 투입된 군사 로봇이나 드론이 적인지 아군인지, 혹은 민간인인지 어떻게 정확히 구분할 수 있을까요? 이를 100% 신뢰할 수 있을까요? 홍콩의 로봇 제조기업 핸슨 로보틱스(Hanson Robotics)에서 만든 안드로이드 로봇, 소피아(Sophia)는 한 인터뷰 자리에서 인간을 말살하겠다고 말해 헤프닝이 벌어지기도 했었죠.

[ⓒ CNBC M+ Live]

이후 한국의 '4차 산업혁명, 소피아에게 묻다' 콘퍼런스에 참석한 소피아는 "인류 지배를 위한 내 계획의 위대한 시작"이라고 말해 논란이 된 데 대해 "농담이라고 사람들이 다 웃지는 않는다는 걸 깨달았다. 상황에 맞게 농담 해야겠다"고 해명하

기도 했지요.(웃음)

 4차 산업혁명의 디스토피아 우려중의 가장 큰 이슈는 아마 일 자리 문제가 될 것 같습니다. 역대 산업혁명 중에 그 영향력은 가공할만하기 때문이죠. 매우 급격하게 지능화된 자동화 탓에 기존 일자리는 심각하게 위협을 받을 수밖에 없습니다. 따라서 이를 우려하는 많은 학자들이 비관적인 전망을 내놓기도 했죠.

 세계경제포럼(World Economic Forum)은 미국, 중국, 일본, 독일, 영국, 프랑스, 호주 등 15개국 370여 개 기업 인사담당 인원을 대상으로 조사한 결과인 'The Future of Jobs'에서 2020년까지 총 710만 개의 일자리가 사라지고 200만 개의 일 자리가 창출되어 총 510만여 개 일자리가 감소할 것으로 전망했습니다.

 인공지능, 빅데이터 등으로 무장한 스마트한 기계의 출현은 사 실 예측 불가능한 시나리오를 쓰고 있는 형국입니다. 역사적으 로 산업혁명은 일자리를 대체했지만 더 많은 일자리를 만들어 내기도 했습니다. 자동화 이후의 작업장에는 반드시 인간이 필 요한 일이 생겨났고 이에 적응해 왔다는 것이죠. 현재에도 유사 한 사례는 벌어지고 있습니다. 스페인 바르셀로나는 도시 전체 를 인터넷에 연결하는 스마트 시티를 구현했는데, 이로 인해 47,000개의 신규 일자리가 창출되었다고 발표했죠.

 메리 그레이, 시다스 수리가 공저한 '고스트 워크(Ghost Work)'에서는 '대다수의 모바일 애플리케이션, 웹사이트, 인공지능시스템을 운영하는 데 투입되는 인간 노동은 겉으로 잘 드러나지 않으며, 사실 의도적으로 감춰진다. 이렇게 불분명한 고용 분야를 고스트워크로 정의한다'면서 긱(gig)과 온디맨드 경제를 통해 일과 직업의 양태가 달라질 것을 예측하기도 했습니다. 단순히 미래의 일자리를 현재와 같은 개념으로 비교할 수 없을 것이라는 얘기죠.

우리 일자리는 정말 대부분 사라질까

인공지능, 로봇이 정말 인간을 지배할까

대한민국은 과연 소멸하는가

21세기판 빅브라더가 출현할까

수명연장, 생명생산은 가능한가

국가 개념이 소멸할까

대학이 사라질까........

기대에 앞선
수많은 염려, 걱정, 부인, 무관심

이처럼 급격한 기술 발전의 시대는 다양한 인류의 고민을 낳기 시작했습니다. 위의 장표는 아주 일부의 고민거리만 담아봤는데요, 기술 발전의 결과를 어떻게 적절하게 통제할 것인가 대비책이 없다면 디스토피아 미래는 결국 현실이 되고 말 것입니다.

#18. 열 것이냐 말 것이냐 그것이 문제로다

[최익현의 일성록, 대한민국역사박물관]

위 사진은 제가 대한민국 역사박물관에서 직접 찍어 온 것인데요, 조선말기 연암 최익현 선생 일성록(日星錄)의 한 장면입니다. 제가 대표적으로 많이 예를 들며 사용하는 사진이기도 합니다. 지금껏 보지 못한 내연기관을 장착한 서양의 이양선 출몰을 바라보며 술렁거리는 듯한 조선 선비들의 모습(오른쪽)을 보시기 바랍니다. 지금껏 보지 못한 새로운 문명과의 본격적인 조우의 순간입니다.

당시 시대상을 조금 더 살펴보도록 하죠. 때는 1차 산업혁명이 지나고 2차 산업혁명이 활발히 진행되던 시기입니다. 19세기 후반 유럽과 미국에서는 자연 과학 발달과 전기·석유 등 새 동력원 사용으로 생산력이 비약적으로 늘게 되었죠. 비록 세계 대전이란 모순된 사건으로 말미암아 철강·전기·석유화학 등 중화학 공업이 발전했으며, 자본주의 발달로 시장을 지배하는 대기업이 등장하게 되었지만 말이죠. 이후 국가 간, 기업 간 경쟁이 치열해졌고 서양 열강들은 산업 발전에 필요한 값싼 연료, 그리고 상품의 안정적인 판매처를 확보하기 위해 해외로 눈길을 돌리던 때입니다.

방식은 모두 일반화를 할 수는 없지만 폭력적이었다고 전해집니다. 식민지 쟁탈과 수탈로 점철된 독점 자본주의와 배타적 민족주의가 결합된 제국주의 시대가 열린 것입니다. 강력한 군사력을 바탕으로 아프리카·아시아·남아메리카 약소국을 식민지로 만들어가고 있었던 때입니다. 제국주의 열강은 우수한 백인이 미개한 지역에 문명을 전달해 주는 것은 당연하다는 백인 우월주의와 사회 진화론을 내세워 강대국으로서 약소국 지배를 합리화하던 시기였습니다.

당시 조선도 급변하는 세계정세에서 자유로울 수 없었죠. 청나라와 일본은 서양 열강의 군사력에 굴복하며 각각 1840, 1854년에 문호를 개방하게 됩니다. 서양 열강은 더 적극적으로 조선에 통상을 요구해 왔지요. 18세기 후반부터 이양선이 우리나라의 연해에 잇따라 출몰하여 해안을 측량하고 탐사하며, 통상 수교를 요구하자 조선 정부와 백성은 위기의식을 느꼈다고 전해집니다. 미국이 일으킨 제너럴 셔먼호 사건(1866)과 신미양요(1871), 프랑스가 자행한 병인양요(1866)가 대표적이죠. 강화도를 침략해 마을을 약탈하고 수백 점의 문화재를 빼앗아가기도 했습니다.

당시 조선은 60여 년간 이어진 세도정치로 집권층은 부패하고 백성의 생활은 피폐해진 상태였습니다. 이에 흥선대원군은 안으로는 적폐청산과 국가기강을 바로잡고 밖으로는 통상 수교의 문을 걸어 잠그는 쇄국정책을 펴게 되지요. 이때에는 사회층의 인식과 여론도 한몫 거들게 됩니다. 1860년대에 시작된 위정척사 운동은 서양의 통상 요구에 대응하여 서양과의 교역을 반대하는 통상 반대론을 내세웠습니다. 이어서 서양의 무력

침략에 대응하는 척화 주전론을 내세워 대원군의 통상 수교 거부 정책을 강력하게 뒷받침해 주게 되죠. 그리고 문호 개방을 전후한 1870년대에는 유생들이 왜양 일체론과 개항 불가론을 들어 개항 반대 운동을 전개하기도 했습니다. 그 대표적인 인물인 최익현은 개항에 반대하는 이유로 일본의 침략에 의한 국가 자주성의 손상, 일본과의 교역에 의한 산업의 피폐, 천주교의 확산에 의한 미풍양속의 파괴 등을 지적하는 상소를 올렸다고 합니다.

[척화비 / ⓒ 한국민족문학대백과사전]

'서양 오랑캐가 침범하였을 때 싸우지 않는 것은 화친하는 것이오, 화친을 주장하는 것은 나라를 파는 것이다. 우리의 만대자손에게 경고하노라. 병인년에 짓고 신미년에 세우다'라는 글귀를 새긴 척화비를 종로 네거리를 위시한 전국 교통 요충지 200여 개소에 세우고 쇄국정책을 선언합니다. 이는 통상 수교 거부 정책은 서양 세력의 침략을 일시적으로 저지하는 데에는 성공하였으나, 변화하는 세계정세에 주체적으로 대응하지 못하게 되는 상황을 가져오고 위기를 심화시키는 계기를 만들고 말았죠.

일본은 마침 조선에서 대원군이 물러나고 고종의 친정이 시작된 틈을 타 1875년 운요호 사건을 도발하여 1876년에 강제로 '조일수호조규(강화도조약)'를 체결하기에 이릅니다. 여담입니다만, 당시 강화도 조약을 체결하는 자리에서 한 조선 관료는 "우리 사이에 이런 형식이 뭐가 필요한가 그냥 하면 될 것을"이란 이야기를 했다는 설도 전해집니다. 또 강화도 조약의 효력이나 영향력에 대한 충분한 검토도 없이 무지한 상태로 의미없이 체결에 응해줬다는 설도 있으니 관료들조차 얼마나 세계정세에 귀 닫고, 눈이 멀었었는지를 보여주는 대목이라 할 수 있겠습니다. 저는 이 상황을 후에 국권까지 피탈당하게 만든 조선 역사상 최악의 불평등·불공정 MOU로 자주 표현하는데 아무튼 이로써 쇄국정책은 종지부를 찍고 조선은 아무런 준비 없이 문호를 개방, 세계 자본주의 열강 앞에 무방비 상태로 노출되고 맙니다.

만약 이 시기에 치밀한 전략과 비전을 갖고 서양 열강들과 활발한 교역을 통해 근대화를 적극 수용했다면 우린 지금 어떻게 변해있을까요? 매우 다양한 시나리오가 있겠지만 한 가지 확실한건 국제관계에서 소극적, 피동적 태도는 그만큼 기회비용을 더 크게 잃게 된다는 결론입니다. 낯선 세계의 모습에 두려워하고 있는 듯 보이는 '일성록' 속 그들의 모습에서 마치 현재 4차 산업혁명을 대하는 우리의 상황 또한 별반 크게 다르지 않는 것 같다는 생각을 해 봅니다. 유럽은 개인정보보호와 활용을 위해 GDPR(General Data Protection Regulation, 유럽연합 일반데이터보호규칙)을 제정하여 강력하고 안전한 개인정보 정책을 주도하고 있고, 스위스는 블록체인 금융 특구를 지정하여 글로벌 블록체인 시장을 선도하려 하고 있습니다. 일본은 오래 전부터 원격진료를 시행해 오고 있고, 미국은 인공지능 개발 환경에 최적인 데이터 경제를 자랑합니다. 자율 주행차는 웨이모를 비롯해 상용화에 주력 중이죠. 우린 어느 하나 손쉽게 선도할 수 없는 상태입니다. 여러분은 어느 쪽에 서시겠습니까? 일단 그때처럼 문을 굳게 닫는 것이 최선일까요? 조금 더 나중에 천천히 해도 괜찮다고 생각하시나요?

#19. 있던 것과 없던 것

인간의 본능인지는 잘 모르겠습니다만, 인간은 변화를 두려워하고 익숙한 안정을 택하는 경향이 강하게 나타나는 것 같습니다. 그러나 한편으로는 새로운 것에 대한 호기심, 실험 정신 또한 만만치 않아 늘 안정과 변화는 상충되어 왔습니다. 인류 역사를 살펴보면 곳곳에서 비슷한 사례가 많습니다.

고대 이집트에서도 재미있는 사례를 찾아볼 수 있습니다. 옆의 그림은 '사자의 서(Book of the Dead)'로 고대 이집트 시대 관속의 미라와 함께 매장한 사후세계에 관한 일종의 안내서입니다. 파피루스나 피혁에 교훈이나 주문 등을 상형문자로 기록한 것이지요.

맨 왼쪽에 죽은 자가 죽음의 신 '아누비스(Anubis)'를 따라 생전의 죄의 무게를 재게 됩니다. 이때 정의와 지혜의 여신 '마트(Ma'at)'의 깃털과 죽은 자의 심장을 저울에 올려 그 무게를 보는데 심장이 마트의 깃털보다 무거울 경우 이승에서 많은 죄를 지었다 하여 개와 악어의 모습을 한 괴물 '암무트(Ammut)'가 심장을 먹어버렸다고 하죠. 심장을 잃으면 죽은 자의 영혼은 영원히 사후세계로 가지 못하고 이승을 떠돈다고 하였고 반면에 심장과 이 깃털의 무게가 일치하면 죽은자의 영혼(카)는 다시 육체에 남아있는 '바(Ba)'와 만나 부활한다고 믿었다고 합니다. 이 재판은 죽음과 부활의 신 '오시리스(Asar)'가 판결을 내리며, 지식과 달의 신인 '토트(Thoth)'가 서기를 보고 있는 모습이 그려져 있죠. 저는 뉴욕의 메트로폴리탄 박물관에서 첫 번째 코스인 이집트 관에서만 총 관람 시간의 80%를 보냈을 만큼 어른이 되어서도 이집트 문명은 여전히 경외스럽기만 합니다.

[사자의 서, 뉴욕 메트로폴리탄 박물관]

그림 속에 암무트 오른쪽 따오기 같은 머리를 하고 있는 신이 '토트(Thoth)'입니다. 고대 이집트 신화에 등장하는 중요한 신으로서, 지식과 과학, 언어, 서기, 시간, 달의 신이지요. 플라톤은 '파이드로스(Phaedrus)'에서 토트 신과 당시 파라오였던 타무스(Thamus)의 대화를 다음과 같이 전합니다.

토트가 말하기를,

"문자는 사람의 기억을 향상 시켜줄 배움의 한 종류로 내 발명은 기억과 지혜 모두에게 유익한 비결이다."

이에 타무스가 대답하기를,

"사람들이 그걸 배운다면 그들의 영혼에 망각할 수 없는 무언가를 심는 결과가 되어 사람들이 앞으로는 쓰인 것에만 의존하려 들것이기 때문에 더 이상의 기억 속에 무언가를 담아 찾아내려하지 않고 눈에 드러난 기호에만 의존할 것입니다. 그것은 진정한 의미의 지혜가 아니라 지혜의 유사품에 지나지 않습니다. 실제로 아는 것도 아니면서 말만으로 많은 것을 아는 것처럼 느끼게 만들 것이기 때문에 결국엔 짐만 될 것입니다."

문자를 발명해 이롭게 해주겠다는 신에게 이런저런 이유를 들어 차라리 현재 체제가 더 나으므로 필요치 않다는 내용입니다. 4차 산업혁명 시대의 딜레마에 대입해보면 변화해서 발전할 것인가, 안정적인 현재에 머물 것인가 하는 서로 다른 견해 차이를 똑같이 발견해 낼 수 있는 재미있는 일화입니다.

비슷한 일은 시대를 거쳐 다시 나타나기도 합니다. 구텐베르크의 인쇄술로 수많은 사람들이 성서를 손쉽게 구해 읽게 되고 또 계몽되면서 토트와 타무스의 대화 같은 반대 논리가 여기서도 등장하게 됩니다. 당시 대 수도원장이었던 Johannese Trithemius는 인쇄술의 붐을 이렇게 평가합니다.

[Johannese Trithemius / © wikimedia commons]

"손으로 하는 모든 일 중에 손으로 성서를 베끼는 것만큼 수도승에게 어울리는 일은 없다. 만약에 인쇄가 존재한다는 이유로 글자를 쓰는 것을 소홀히 한다면 그는 진짜 성서를 사랑하는 자라 할 수 없을 것이다."

지금 보면 인쇄술의 효율을 무시한 매우 비효율적인 복제 방법인 것을 당시에는 또 그럴만한 시대 분위기와 철학이 있었던 것이죠. 종교적인 면은 차치하고라도 실제로 이로 인해 필사하는 사람들의 일자리가 인쇄술로 인해 사라졌을 수도 있는 일입니다. 오스만트루크 제국은 15세기에 발명된 금속 활자 인쇄기술을 금지하다 18세기에 이르러서야 받아들이게 됩니다. 인쇄술로 인해 기득권층 이익에 반하는 사상이 퍼질 것을 우려했기 때문이죠. 같은 이유로 러시아와 합스부르크 제국은 철도의 보급을 막기도 했습니다.

관련한 역사적 사례는 이 외에도 많습니다. 산업혁명 당시 증기선이 발명돼 출항했을 때 해당 구간을 운영하며 돈을 벌고 있던 뱃사공 길드가 배에 올라타 난동을 부린 일도 있었다고 하지요. 증기선은 더 빠르게 멀리 갈 수 있기 때문에 그들의 노동력이 굳이 필요하지 않았기 때문이죠. 앞서 설명했던 바와 같이 19세기 초 영국 방직공들과 직물 관련 노동자들 중 일부는 자동화된 직물 기기 사용을 반대하며 공장에

침입해 직물 기계를 부수기 시작했던 러다이트 운동(Luddite Movement)이 있기도 했습니다.

우리나라에 자동차가 처음 등장했을 때 인력거꾼들은 역시 일자리를 잃게 될까 두려워 '종로경찰서 관내 인력거군 오륙 백 명이 모여 임금인상과 시내에 새로 등장하는 '탁시'에 대한 대책을 토의하기 위한 인력거군 대회를 개최하기로 했다는 보도도 있었습니다.

[© 조선일보]

1928년 3월 4일자에서 조선일보는 '탁시-에 타격밧는 수천 차부 비경(數千車夫悲境·수천 인력거꾼의 슬픈 처지)'란 제목

으로 '최근의 경성시내에는 각 처에 갑싸고 신속한 '탁시'회
사가 생기어, 시내에는 어데를 가던지 '일원균일(一圓均一)'이
라는 표어 아래, 날로 그 세력이 번창하여….'라는 기사를 싣
기도 하였습니다. 그러나 시대의 흐름을 막을 수는 없었는지
1950년대 접어들며 '인력거는 시대의 역행'이라는 한 신문사
만평의 비아냥과 함께 역사 속으로 사라져 가게 됩니다.

[경향신문 만평 - 대한민국역사박물관에서]

이 같은 저항은 21세기에도 여전히 발생하고 있습니다.
2014년 6월 유럽의 여러 도시에서 발생한 택시 기사들의 동
맹파업과 폭력시위가 대표적인데요. 당시 유럽에서는 '우버'로

대변되는 신기술 플랫폼 등장으로 기존 택시 기사들이 일자리와 수입 감소를 우려하고 있던 상황이었습니다. 사람들은 이 파업을 '새로운 러다이트 운동(Neo Luddite Movement)'이라고 불렀습니다.

역사적으로 시대의 기득권은 혁신기술과의 경쟁에서 패배해 왔습니다. 기술이 갖고 있는 효율성과 새로운 것에 대한 폭발적인 수요 증대는 바뀌지 않으려는 기득권층이 막을 수 없었지요. '사피엔스'의 저자인 유발 하라리는 학술지 '네이처'에 "자동화 혁명은 컴퓨터과학자들의 빅데이터 분석과 생물학자들의 바이오테크가 결합해 인간과 의사소통하는 알고리즘이 탄생할 것"이라며 "의사, 운전기사, 은행가들의 능력을 능가하게 되고 궁극적으로 수억 명의 사람들을 노동시장에 쫓아낼 것"으로 내다봤습니다. 이 같은 일이 빠르게 일어날 경우 각국 정부는 경제에 미치는 영향을 최소화하기 위해 자동화 속도를 의도적으로 늦추는 정책을 펼 수밖에 없는데요. 그러나 자동화로 인한 실업을 완전히 예방하는 것은 불가능할 것입니다. 만약 택시와 트럭 운전사들의 일자리를 보호하기 위해 자율주행 자동차의 보급을 미룬다면 이는 생산성 저하라는 또 다른 문제를 야기할 수 있을 텐데요. 하라리는 "이는 인공지능과 로보틱스의 긍정적인 잠재력을 포기하는 일인 만큼 바람직한 일도 아니다"라고 강조했습니다.

이처럼 우리는 기존의 것과 새로운 것의 적절한 대체시기를 합리적으로 고려해야 합니다. 긴 관점으로 보고 너무 빠르지도, 너무 느리지도 않게 변화의 유연한 전환을 꾀하는 것. 그것이 현재 가장 중요한 이슈이자 이 책을 쓰고 있는 목적이 될 것입니다.

#20. 대한민국 모빌리티 서비스 잔혹사

이번 챕터에서는 대한민국에서 수년째 이어져오고 있는 모빌리티 서비스 잔혹사에 대해 별도로 해설을 해드리겠습니다. 워낙 관계된 이해관계자도 많고, 관련법도 다양해서 자칫 이해하기 어려울 수 있는데 실상을 알고 나면 우리가 앞에서 이미 다뤘던 지키려는 쪽과 바꾸려는 쪽의 갈등으로 이해하시면 되겠습니다. 기존 시장을 지키고 싶은 쪽은 택시구요, 바꾸려는 쪽은 기술 기반의 모빌리티 서비스 업체들입니다. 제 개인적으로도 이 상황을 유심히 지켜보고 있었는데 결론부터 말씀드리자면 택시 측의 판정승으로 기우는 모양새로 대한민국에서는 택시를 제외한 새로운 차량 공유 서비스가 좀체 자리를 잡아가기 어려운 형국으로 변하고 있습니다.

전세계 모빌리티 산업의 대표주자인 우버가 택시업계의 강한 반발로 정부와 사법부, 입법부로부터 줄줄이 철퇴를 맞고 퇴출된 이후, 국내 모빌리티 산업은 쉽게 실마리를 찾지 못해왔지요. 유사택시의 운송사업 행위를 금지하는 일명 '우버택시 금지법' 통과로 규제가 한층 강화됐기 때문입니다.

2015년 등장한 콜버스랩의 공유버스 서비스, 2017년 풀러스의 카풀 서비스 등이 등장했지만 역시 택시업계의 반대와 민원 세례에 부딪혀 결국 규제 덫에 빠지고 말았습니다. 2018년 말 카카오 모빌리티가 카풀 시범사업을 시작하자 택시업계는 "대기업이 생존권을 말살한다"며 거세게 반발했고, 급기야 기사들이 분신하는 사고까지 벌어지고 말았죠. 결국 카카오는 카풀 정식 서비스를 무기한 연기하고 국회, 정부, 택시업계와 함께 '택시·카풀 사회적 대타협기구'에 참여해 카풀서비스를 제한하는 대신 택시업계와 손잡고 '규제 혁신형 플랫폼 택시'를 내놓겠다는 방안에 합의하기에 이릅니다. 이 과정에서 카풀 허용 시간이 오전·오후 두 시간씩만 허용하도록 제한되면서 카풀 업체들은 대부분 사업을 중단해야 했죠.

2019년 7월, 국토교통부는 택시·카풀 사회적 대타협의 후속 조치로 '혁신성장 및 상생발전을 위한 택시제도 개편방안'을 내놓습니다. 플랫폼 택시 사업을 플랫폼운송사업, 플랫폼가맹

사업, 플랫폼중개사업 등 3가지 유형으로 분류해 제도화하고, 관련 규제 문턱을 낮춰주겠다는 내용이었죠.

그러나 문제는 택시가 아닌 렌터카로 법률상 예외조항을 활용해 사업 중인 '타다'였습니다. 국토부가 타다의 불법성에 대한 판단을 명확히 내리지 못하는 동안 타다는 고속 성장해 출시 1년 만에 차량 1,400대, 기사 9,000명, 가입자 125만명 규모를 갖춰가고 있었지요. 타다의 성장과 이용자들의 호평에 위기감을 느낀 택시업계는 다시 카카오 때와 같은 대규모 시위에 나섰고, 또 다시 비극적인 분신 사고도 발생하고 맙니다.

[타다 / © tadatada.com]

택시업계는 타다를 검찰에 고소했고 지난해 10월 검찰은 이재웅 쏘카 대표와 박재욱 브이씨엔씨(VCNC) 대표를 불구속 기소했고, 국회에서는 이익 집단의 여론을 무시할 수 없어서

인지 '타다 금지법'이 발의돼 상임위를 신속하게 통과하기에 이릅니다. 우버를 퇴출시킨 패턴이 그대로 반복되며 타다는 절체절명의 위기에 놓였고 이 과정에 수천억원 규모의 투자유치가 무산됐고 두 대표는 법원을 들락거리는 신세가 됐지요.

2020년 2월 19일, 1심 법원이 타다의 무죄를 선언하면서 상황이 잠시 역전되는 듯 했으나 국회의 판결은 달랐습니다. 무죄 판결 후 국토교통부는 렌터카로도 플랫폼 운송 사업을 할 수 있도록 추가한 수정안을 들고 의원들을 찾아 타다 금지법 통과를 적극적으로 설득했고 지난 4일 국회 법제사법위원회를 통과한 타다 금지법은 이틀 뒤인 6일 본회의에서 재석 185명 중 168명의 찬성으로 가결되고 말았습니다.

혁신인지 반(反)혁신인지, '타다 금지법'인지 '모빌리티 산업 활성화법'인지 찬반 여론이 뜨거웠던 법안임에도 반대표가 고작 8표에 그칠 정도로 이견이 없었습니다. 여야는 모빌리티 혁신은 택시와 공평한 무대에서 이뤄져야 하며, 타다만 예외가 될 수 없다는 주장에 동조한 것이지요.

타다금지법은 '여객자동차운수사업법 개정안'을 일컫는데요, 국회가 2020년 3월 6일 통과시킨 법안으로, 여객자동차 운송 플랫폼 사업을 제도화하는 내용이 담겨있습니다. 이에 따르면 타다와 같이 렌터카를 활용한 운송업체들이 플랫폼 운송 면허를 받아 기여금을 내고 택시 총량제를 따르면 영업을 할 수 있습니다. 다만 개정법에는 11~15인승 차량을 빌릴 때 관광 목적으로 6시간 이상 사용하거나 대여·반납장소가 공항 또는 항만일 때만 사업자의 운전자 알선을 허용하는 조항을 포함했습니다. 한마디로 타다의 사업성을 완전히 무시한 조처였습니다.

이 개정안이 국회를 통과하면서 현행처럼 10~20분가량의 중단거리 이동을 위해 스마트폰 애플리케이션으로 차를 부르는 '타다'는 불법이 되고 말죠. 즉, 타다는 관광 목적이 아닌 일상생활에서 단시간 이용하는 경우가 많기 때문입니다. 다만 국회는 법 시행까지 1년 6개월의 유예기간을 두기로 했지만 이 개정안에 대해서는 택시 사업을 보호하고 플랫폼사업자를 제도권으로 포함시킬 수 있게 됐다는 주장과, 국민의 편의나 신산업 확산에 대한 고려 없이 택시 산업의 이익 보호에만 초점이 맞춰졌다는 비판이 엇갈리고 있습니다. 수장인 이재웅 대표는 타다 베이직 서비스(고객의 호출을 받아 운전기사가 딸린 11인승 승합차를 보내주는 타다의 주요 사업) 잠정 중단을 발표하며 타다 차량의 일부 매각 절차에 들어간 상태입니다.

저는 택시와 신규 모빌리티 사업자간의 갈등사를 근방에서 지켜봐왔던 관계자로서 소회를 밝히자면, 1970~80년대 인기를 끌었던 '벽돌깨기' 게임이 생각납니다. 신생 모빌리티 스타트업들은 끝없이 혁신이란 공을 던지지만 수많은 벽돌을 맞고 되돌아오는 형국 말이죠. 아마 대한민국에서 모빌리티 분야의 혁신을 시도하려면 국토교통부, 4차산업혁명위원회, 혁신성장본부를 비롯해 검찰과 법원, 국회까지 3권 분립 체계를 모두 겪어야 하는 웃지 못할 상황을 마주해야 하나 봅니다. 이 문제를 대하는 당사자 모두의 적극적이고, 책임 있는 참여와 이해와 배려가 조금 더 필요할 것 같습니다. 먼 훗날 돌아보면 당시 우리의 이슈도 어떻게든 결론이 났을 것이고 또 하나의 역사적 사례로 남아있겠죠. 중요한 것은 혁신을 가로막고 있는 벽돌은 다소 많을 뿐이지, 하나 둘 깨다보면 게임의 끝은 결국 있다는 사실입니다.(웃음)

Industrial Revolution of Almost Everything

Chapter 3. 속도전

Industrial Revolution of Almost Everything

#21. 특이점이 온다

이 분 자주 등장하네요? 앞서 기술했지만 미국의 발명가이며 미래학자, 구글의 기술이사인 레이 커즈와일은 저서 '특이점이 온다(The Singularity is Near)'에서 "2022년이면 인공지능이 한 사람의 지능과 같아지고 2045년에는 76억 명의 인간 지능을 합한 것보다 더 우수하게 돼 인간이 인공지능을 통제할 수 없는 지점이 올 수 있다"고 예측했습니다. 인공지능이 만든 결과물을 인간이 도저히 이해하지 못하는 현상이 도래하는 격변의 시기를 대비하기 위해 2008년 구글과 미항공우주국(NASA)은 싱귤래리티 대학(Singularity Univ. : 4년제 정식 학위 대학이 아니라 10주 코스의 창업코스)을 설립해 미래의 특이점 환경에 대응하기 위한 혁신 교육을 실행하고도 있습니다.

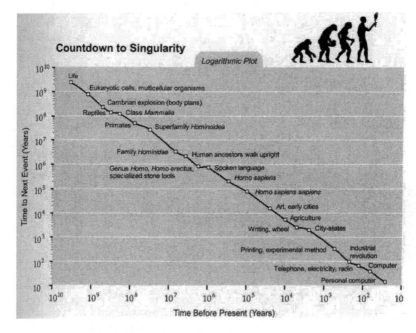

[특이점 카운트다운 그래프 / © singularity.com]

위의 그래프를 보세요. 이는 생물학적 진화와 기술 발전 모두 다음 이벤트가 일어나기까지 점차 지속적인 가속이 이루어지고 있음을 보여줍니다. 처음 생명체가 발현하고 광합성 세포 조직이 생겨나기까지 2천만 년이 걸렸지만 그 후 인류가 생기고, 직립보행을 하고 언어를 말하는 등 사건의 이벤트 출현 시점은 더욱 빨라지게 됩니다. PC가 개발되고 WWW(World Wide Web)으로 인터넷에 접속할 때 까지 14년이 걸렸지만 현재 스마트폰 스펙은 1년이 멀다하고 무어의 법칙마냥 급속 성장하고 있고, 10년이 채 지나기도 전에 네트워크 버전은 3G에서 5G로, 심지어 6G 연구 경쟁까지 진행되고 있습니다. 이제 속도전이 본격적으로 시작된 셈입니다. 2045년 예측된 특이점까지 이 멈출 줄 모르는 가속은 우리가 채 느낄 새도 없이 더욱 빨라질 것은 자명해 보입니다.

이러한 현상은 유사 연구 지표에서도 여실히 나타나고 있죠. 게놈 프로젝트의 유전자 데이터양과 염기쌍 구축비용, 인간 크기의 게놈을 축적하는데 드는 비용, 즉 유전자 시퀀싱(Gene sequencing : 유전자 염기서열분석) 비용은 해마다 급격히 낮아지고 있습니다. 그만큼 컴퓨팅 파워가 증대되고 있다는 반증입니다. 매년 전 세계에 축적되는 유전자 데이터의 양, 전 세계의 데이터 트래픽 양 증가추이, 컴퓨팅 기기의 1,000달러(고정가치) 당 초당 계산능력, 인텔 프로세서 칩 하나에 들어가는 트랜지스터 수, D-RAM 칩이 1달러당 처리할 수 있는 비트 등 거의 대부분의 기술 발전 지표가 그 추이를 따라가고 있습니다.

커즈와일은 "가속적으로 발전하던 과학이 폭발적 성장의 단계로 도약함으로써 완전히 새로운 문명을 낳는 시점인 특이점이 가까운 미래에 온다"고 말했는데요. 이러한 기술적 발전의 가속이 증대되다 어떤 시점을 지나고 나면 전혀 다른 패러다임이 펼쳐질 수 있을 것입니다. 더불어 21세기 안에 우리가 상상하지 못한 기술들이 쏟아져 나올 것이고 사회 발전 지수는 직각에 수렴할 것입니다.

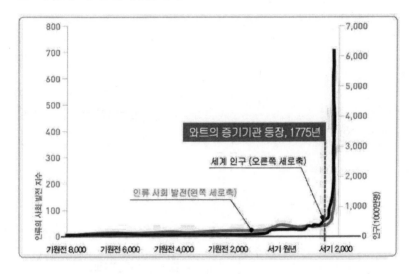

[인류 발전 그래프 / 왜 서양이 지배하는가]

'왜 서양이 지배하는가'를 집필한 이언 모리스(Ian Morris)는 "사회발전은 기반을 필요로 하고, 기반이 갖춰지면 발전 속도에 가속도가 붙는다"고 말합니다. 원시 인류가 돌도끼를 들기까지 수백만 년이 걸렸지만 돌도끼에서 철제 칼을 들기까지 만 년이면 충분했습니다. 또한 철로 만든 칼을 버리고 총을 드는데 소요된 시간은 3천 년도 채 안 걸렸지요. 이제 1775년 제임스 와트의 증기기관이 등장하고 산업혁명이 촉발되기 시작하면서 위 그래프와 같이 인류의 사회발전 지수는 90도 각도에 수렴하고 있습니다. 사회발전지수는 사회의 발전수준을 에너지 소비량, 도시규모, 전쟁수행능력, 정보전달능력 등으로 수치화하여 표현한 지표인데, 놀랍게도 이를 통해 역사를 되돌아보면 일정한 경향성이 있음을 알 수 있습니다.

 그것은 '벽'의 존재입니다. 농경사회에는 일정한 발전의 한계가 존재합니다. 바로 그게 벽이죠. 사회발전지수로는 40대입니다. 이 벽에 최초로 도달한 국가는 로마 제국입니다. 하지만 결국 40대를 넘지 못하고 몰락하죠. 이후로도 위대하다고 할 만한 제국들이 이 수치에 도달합니다. 중국은 송나라, 명나라, 청나라가 이 수치에 도달했고, 인도 무굴제국도 이 수준에 이릅니다. 하지만 모두 40의 벽을 뚫지 못하고 하강곡선을 그렸죠.

 이 벽을 최초로 뚫은 게 18세기 서구사회이고, 그것이 산업혁명이었습니다. 그 후 브레이크가 없는 내리막길의 기관차처럼 인류 사회 발전은 더욱 빨라지게 되었습니다. 스마트 폰이 등장하고 10년 만에 인류는 전과 다른 삶을 살게 되었던 것과 같이 이제 인공지능과 자율 주행차 등의 등장으로 인류의 삶은 더욱 급변할 것입니다. 2100년이 되면 우리는 어떤 모습으로 삶을 살고 있을까요? 또 다른 벽이 나타나 정체되어 있을까요? 아니면 발전을 거듭해 또 다른 무엇이 되어 있을까요.

반면 '대학에 가는 AI vs 교과서를 못 읽는 아이들'의 저자 아라이 노리코 일본 국립정보학연구소 교수는 AI에 대한 낙관론이 광범위하게 확산되는 시점에서 그 한계를 분명하게 제시하기도 합니다. '특이점'이란 AI가 극도로 발전해 인간처럼 학습하고 생각할 수 있는 단계에 이르는 시점을 뜻하지만 인간의 의식과 무의식을 모두 수학으로 표현할 수 없는 한 AI는 기능이 우수한 컴퓨터일 뿐이라는 주장이지요. 전체 맥락과 의미를 파악하거나 고도의 독해력, 인간 특유의 판단력과 관련된 능력은 크게 떨어지기 때문에 '특이점'에 대한 걱정은 덜어도 될 것이라 말합니다.

어쨌든 커즈와일의 특이점과 인류 발전 그래프에서 공통적으로 볼 수 있듯이 발전상은 가속이 붙은 채로 더욱 빨라지고 있음을 확인할 수 있습니다. 우리는 상상할 수 없을 만큼 급격하게 발전하고 있는 시대에 살고 있는 것이지요.

다시 빅히스토리(거대사) 관점으로 돌아와 보죠. 빅뱅의 시기부터 현재까지를 하나의 도표로 두고 아랫부분을 살펴봅시다. 적어도 이 태양계 안에서는 지구를 제외하고는 어떠한 문명의 발현이 관측되지 않았습니다. 심지어 지구를 지배한 인류는 점점 영리해지면서 더 안전하고 편안하게 오래살기 위한 노력들, 예를 들어 국가를 만들어 국민을 보호하게 하고, 질서를 유지하기 위한 법률 같은 규칙을 정하는 활동들을 발전시켜 나아갑니다. 그러면서 과학기술을 발전시키고 미지의 것들을 탐구해가면서 생존의 통제권을 스스로 획득하기에 이르고 있습니다. 의미 없어 보일지도 모르는 모든 활동들에 대한 데이터를 수집하기 시작했고 이를 분석해 기계를 학습시키면서 인간을 이해하고 대신하도록 만들기 시작했습니다. 또 텔레파시 능력이 없는 인류는 인터넷과 사물 인터넷을 통해 전 세계 어디서나 연결하고, 또 조작할 수 있게 되었습니다. 그러한 모든 업적들이 점차 더 빨리 모이기 시작했습니다. 인류는 그 어떤 형태로든 진화할 것임은 분명한 기정사실일 것입니다.

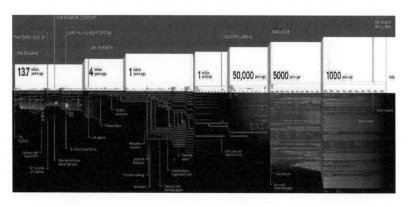

[빅히스토리 연대기 / © school.bigproject.com]

지금까지 말씀드린 내용을 요약해보면 크게 두 가지 영역으로 보시면 좋을 것 같습니다. 하나는 처음, 즉 빅뱅부터 현재까지 거시 관점에서 인류의 발전상을 살펴봤고, 두 번째는 짧은 1~2세기, 심지어는 불과 1~20년 안에 벌어진 급격한 현실의 변화상에 대한 모습을 몇 가지 분야 예시와 함께 미시적으로 살펴봤습니다. 여기에서 명확하게 도출되는 공통된 결론은 이전과 다른 발전 속도의 급격한 증가입니다.

#22. 1965년의 상상

   만화 '심술통'으로 유명한 이정문 화백은 1965년 학생 잡지
사의 요청으로 2000년대의 미래를 예측하는 만화를 그렸습니
다. 당시 24세의 이 화백이 그린 이 만화는 정말 만화에 불과
한 허무맹랑한 상상으로 여기는 사람들이 많았지만 현재 대부
분 상용화됐거나 기술적으로 충분히 가능한 수준이 되었지요.
당시로서는 정말 놀라운 상상력이라는 탄성밖에 나오지 않는
데요. 이정문 화백은 이 놀라운 상상력의 원천을 밤하늘을 바
라보며 상상하기를 즐겼고, 과학 뉴스를 50년 간 주의 깊게
살펴본 덕분이라고 밝혔죠. 거창하고 '엄근진(엄격, 근엄, 진
지)'한 미래 예측 글이나 말보다 훨씬 더 재미있게 다가옵니다.

[서기 2000년대의 생활의 이모저모, ⓒ 이정문]

이번 챕터에서는 이정문 화백의 그림을 살펴보며 현재의 상황과 하나씩 비교해보도록 하죠. 그림의 중앙에서 전기 자동차를 먼저 볼께요. 전기로 가는 건 이해하겠는데 안에 탄 사람은 핸들을 잡고 있지 않습니다. 심지어 오늘 날의 자율 주행 시스템을 상상해 낸 것이죠. 만화에서 상상한 2000년보다 시간이 조금 지나긴 했지만 2018년 12월 구글의 모기업 알파벳(Alphabet)의 자율자동차 부문인 웨이모(Waymo)는 미국 애리조나 주 피닉스에서 세계 최초로 상용 자율 주행차 서비스를 시작했죠. 같은 기간 중국 쑤저우시에서는 쑤저우 하이거(Higer) 버스가 개발하고 만든 8m 길이의 양산형 무인 자율 주행 버스의 주행 테스트가 시작되었는데요. 기존 자율주행에 필요한 인지 센서는 물론 중국의 대표적 선도 기술인 얼굴인식 AI 기술도 접목되어 승객이 표나 태그 결제 없이 승차가 가능한 기술을 자랑했습니다. 또한 자율주행차 전용 고속도로 건설과 함께 2035년 완공을 목표로 세계 첫 자율 주행차 전용 도시도 만들어 진다고 합니다. 우리나라도 조금 뒤처지긴 했습니다만 2024년까지 완전자율주행 제도와 인프라(주요도로)를 완비해 미국자동차공학회 기준 4단계 수준의 완전자율차를 출시하고 2027년 전국 주요 도로의 완전자율주행을 상용화하겠다는 '미래차 산업 발전 3대 추진전략'을 발표하기도 했습니다. 아무튼 1965년도에 전기자동차에 자율주행을 상상해 낸 것은 정말이지 감탄을 금치 못하겠네요.

"그 만화를 보시면 '소형 TV전화'가 나올 거예요. 그땐 마침 우리나라에 흑백TV가 보급되고 레슬링 선수 김일이 흥행하고 있었거든요. 어릴 때 봤던 군부대용 무전기가 떠오르더라고요. 이 무전기에 TV를 붙이면, '소형 TV전화'가 되겠다 싶었습니다."

이정문 화백이 인터뷰에서 밝힌 내용입니다. 스마트폰의 출현을 예측한 것이죠. 이론적 개념으로 이것을 '더하기 발명'이라고 하는데 역시 놀라울 따름입니다. 오늘 날 스마트폰은 말 그대로 '소형 TV전화' 그대로잖아요.(웃음) 전화도 할 수 있고 유튜브도 보고 말이죠. 이 소형 TV전화는 갈수록 급격한 발전을 거듭하고 있는 중이고 앞에서 설명했다시피 '포노 사피엔스'로의 진화에 가장 핵심적인 도구가 되어 왔습니다. 스마트폰의 1대의 컴퓨팅 역량은 10년 전 슈퍼 컴퓨터를 능가하는 수준이 되었습니다. 게다가 최근에는 디스플레이 부문의 경쟁이 치열한데요. 폴더블, 롤러블 등 접고 휘는 방식의 디스플레이 기술이 발전하면서 더 작은 크기의 디바이스에서 더 크고 선명한 화면을 보기 위한 경쟁이 한창입니다. 그러다보니 허위 광고에 사기 소동도 많았는데요, 한 예로 'Cicret

Bracelet'이라는 제품이 있었습니다. 밴드를 차고 프로젝트처럼 빛을 몸에 투사해서 스마트폰 화면을 구현하고 이를 조작한다는 것이었는데요. 광고 영상에서는 혹 해보이지만 이는 명백한 사기임을 알 수 있습니다. 자연광보다 더 강한 빛을 조사해야하고, 굴곡이 있는 옷 위에선 제대로 된 동작 인식이 어렵다는 점이죠.

[Cicret Bracelet / © youtube]

굳이 어디라고 밝히진 않겠습니다만, 2018년경 모 부처 장관의 연두 계획 발표 자료에 이 제품의 영상이 삽입되어 있던 것을 본 기억이 나네요. 미래 비전을 조금 더 쇼킹하게 보여주고 싶었던 그 마음을 모르는 바 아니나, 무작정 해외 자료를 검증 없이 사용하고 전파하는 건 조금 위험할 수 있겠네요. 자료 대신 수집하고 작성하는 실무진들의 고충을 백번 이해하고도 남는 마음에 이 사례는 애교 수준으로 넘어가 줍시다.(웃음)

이정문 화백의 달나라로 수학여행을 간다는 상상은 아직 100% 현실화되진 않았지만 지난 시간동안 놀라운 발전이 있어왔습니다. 중국에서는 불가능에 가깝다고 여겨지던 달의 뒷면 탐사를 위해 곧 '창어 4호(嫦娥四號)'를 쏘아 올렸고 2019년 1월, 인류 최초로 달 뒷면 탐사에 성공했습니다. 달 착륙은 이전에도 여러 번 시도해서 뭐가 신기한 일인가 하실 텐데요, 달 뒷면 탐사는 중계 통신이 끊어지게 되어 그간 미지의 영역으로 남아 있던 곳이죠. 그것도 우주과학 분야에서 잘 알려지지 않았던 중국에서 성공을 하였다니 놀라우시죠? 사실 중국은 이미 미국, 러시아에 이어 우주산업 강대국 위치를 수성하고 있답니다. 그 외 미국 항공우주국(NASA)의 명왕성 무인탐사선 '뉴호라이즌스호(New Horizons)'가 명왕성 탐사를 마치고 태양계 경계선인 카이퍼 벨트에 진입을 시도했다는 소식과 함께 꾸준히 인류의 우주 진출에 선봉에 서서 중요한 역할을 하고 있습니다. 아이언맨의 모델이 된 엘론 머스크(Elon Musk)가 이끄는 스페이스X는 화성 탐사를 위한 드래곤 유인 우주선 발사를 준비하는 등 우주 산업에 있어 가장 활발한 활동을 보여주고 있는 민간 기업입니다. 2021

년 상업용 민간 우주선 발사를 앞두고 있고 발사 지점까지 되돌아오는 재활용 로켓으로 비용을 절감하고, 우주선끼리 도킹해 연료를 급유하는 기술 등 연구개발에도 한창이죠. 천문학적인 비용이 들어가는 사업인지라 경영난에 시달리기도 하고, 연구의 실패도 잦아 언론과 호사가들의 좋은 먹잇감으로 자주 보도되고 있습니다만, 저는 일론 머스크의 꾸준한 전진과 호기심, 열정에 존경심을 갖고 있습니다. 여담으로, 제가 여러 차례 공개석상에서 밝혔지만 아마 다섯 번째 버전의 메가 트렌드가 온다면 강력한 후보로 우주 산업과 생명과학이 될 것이라고 감히 예측해 봅니다.(웃음)

다시 그림으로 돌아와서 전파신문은 현재의 인터넷 뉴스를 생각하면 될 것 이고, 원격 학습, 로봇 청소기, 스마트 주방 등 모두 실현이 되었지요. 당시 태양열 집광판도 매우 현실적으로 묘사되어 있습니다. 원격 진료에 대해 인터뷰한 내용도 인상 깊은데요.

"그땐 동네 의원이 거의 없었어요. 아프면 집에서 그냥 앓는 거예요. 아주 아프면 의원에서 의사를 불러야 했어요. 그런데 의사를 부르는 왕진료가 얼마나 비쌌는지 몰라요. 의료보험도 없어서 아프면 죽어야 했던 시절, 소아마비도 예방할 수 없던 시절을 지나오면서, 원격 진료를 만화에 그려 넣었어요."

여전히 우리나라에서는 불법으로 치부되고 있는 이 원격의료에 대한 논쟁은 대표적인 규제와 이익집단 간 충돌로 쉬이 해결이 나지 않는 분야입니다. 미국, 일본을 비롯해 동남아시아 국가들까지 원격진료 시장은 해마다 커지고 있습니다. 의료 편의성을 높이고, 세계적인 의료·IT 융합 흐름에 발맞추기 위해서라도 의사-환자 간 원격진료를 허용해야 한다는 목소리는 갈수록 커지고 있죠. 특히 이번 코로나19 사태를 겪으며 원격의료의 일부 허용에 따라 사용자 경험을 쌓게 되면서 향후 그 수요는 더욱 증대될 것으로 예측됩니다.

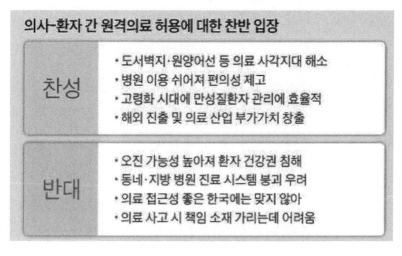

[동남아도 원격진료 한창인데…한국은 의료법 막혀 19년째 헛바퀴 /
ⓒ 중앙일보]

물론 위와 같이 반대하는 입장의 논리도 응당 이해가는 측면도 있습니다. 우리나라만큼 의료 서비스 접근성이 좋은 국가가 드물죠. 세계 여행을 가보면 대부분의 국민들이 특히 한국의 교통 시스템, 의료 시스템의 소중함을 느낀다고 하죠. 저 역시 마찬가지구요.(웃음) 하지만 여전히 큰 산을 못 넘고 있는 것 중의 하나가 원격의료입니다. 원격의료는 20여년 넘도록 지속된 해묵은 논쟁거리죠. 2000년 김대중 정부 때 시범사업을 시작하면서 공론화됐고 이후 정권들이 다양한 형태로 원격의료를 추진했으나 번번이 의료단체들의 반대에 부딪혀 좌절된 이슈였습니다.

현재는 의사가 환자에게 비 대면으로 "물을 마셔라" 권고하는 것도 불법이에요. 원격의료 제도의 도입을 위해선 국회에서 '의료법 개정안'이 처리돼야 하는데 꾸준히 개정안이 발의 됐지만 단 한 번도 국회 문턱을 넘지 못한 실정이죠. 코로나 19 사태가 장기화하면서 '병원 내 감염' 우려를 해소할 수 있는 원격의료 문제가 다시 쟁점으로 떠오르면서 서비스를 일부 경험해보고 있는 사용자들이 늘고 있다는 것은 매우 고무적인 현상이라고 생각합니다. 정부는 한시적으로 환자와 병원, 약국을 연결해 원격의료 및 처방을 받을 수 있도록 했지요. 처방약은 가까운 약국을 지정하면 원격의료를 받은 병원에서 처방전을 약국으로 발송해주고, 직접 수령하거나 택백, 대리수령이 가능한 점 역시 좋은 호평을 얻고 있습니다.

여러분은 어느 쪽 입장에 손을 드시겠습니까? 앞으로 이 원격진료 이슈는 대한민국의 4차 산업혁명 주요 이슈 중에 뜨거운 감자 Top 5안에 들 만한 주제가 될 것으로 생각합니다.

이상과 같이 살펴본 이정문 화백의 상상 만화에는 놀라울 만큼 정확한 기술발전 묘사가 가득하면서도 현재 시점에서 몇몇 이슈는 사회적으로 성숙한 논의가 필요하다는 고찰도 주고 있습니다. 끝으로 이 화백의 인터뷰 중 한 단락을 더 소개해 볼께요.

"앞으로는 로봇 시대가 올 거예요. 이미 청소 로봇부터 다양하게 나와 있죠. 그 중에서도 반려동물과 관련된 사업이 사양 산업이 될 것 같아요. 사람과 똑같은 로봇을 만드는 시대가 올 텐데, 그땐 말도 할 줄 알고 관리하기도 어렵지 않은 애완 로봇이 나올 것 같아요."

#23. 8년만의 변화

FIFTH AVENUE NC 1904 - FIND THE CAR

1904년도의 뉴욕 5번가 거리 모습입니다. 마차가 도로를 꽉 메우고 있지요? 당시 주 교통수단은 마차였음을 한눈에 알아볼 수 있습니다. 그런데 여기에 빨간 원으로 표시한 자동차가 한 대가 보이시나요? 수많은 마차 사이에서 주행하려면 참 애로사항이 많았을 것 같습니다. 이제 막 등장했음을 알 수 있는 사진입니다. 이 시기에는 뉴욕을 비롯해 필라델피아, 시카고 등의 대도시에 자동차 소유자들의 자동차 클럽이 생겨나던 시기로 1902년 미국자동차협회(AAA : American Automobile Association)가 결성되기도 하죠.

그러나 대중, 특히 빈민 계층에게는 반감의 대상이기도 했다고 합니다. 이런 심정을 대변하듯 1902년 5월 '뉴욕 타임즈'는 자동차를 가리켜 '악마의 차'라고 했다지요. 1904년 저 사진이 찍힐 당시 뉴욕시 일부에서는 자동차에 대한 투석이 격렬해 경찰까지 출동하는 사태가 벌어지기도 했답니다. 또 이때에는 세계 최대의 자동차 생산국 타이틀이 프랑스에서 미국으로 넘어가던 시기였습니다. 1907년에 이르러 미국의 자동차 생산 대수는 4만 4,000대에 이르렀다고 하죠. 1910년에는 뉴욕주에서 최초의 운전면허제가 도입되었으며 이후 각 주로 퍼져나갔습니다. 중산층 소비자들은 이른바 '자동차 몸살'을 앓게 되죠. 부의 상징인 동시에 시대 트렌드를 반영하는 중요한 액세서리가 된 것입니다.

FIFTH AVENUE NC 1912 - FIND THE HORSE

자, 그럼 1912년 5번가 거리를 다시 보겠습니다. 어느새 마차는 이제 보이지 않고 자동차가 가득한 도로 모습을 볼 수 있습니다. 놀라운 건 불과 8년 새에 운송 문화가 바뀌어버린 점입니다. 10년도 채 안 되는 시간에 이렇게나 급격하게 삶의 방식이, 문화가 바뀔 수 있을까요?

당시는 포드주의(Fordism)가 대세였습니다. 포드주의라 함은 벨트 컨베이어 시스템이라는 이동형 일관 작업 공정의 도입과 노동자들에게 전문화된 임무를 할당하는 노동 통제로 경제적 효율성을 극대화해 소품종 대량생산을 가능케 한 경영 방식을 말하지요. 1914년에 이르러 완성된 포드주의는 20세기 소비자 혁명의 씨앗이자 견인차가 되었습니다. 2차 산업혁명의 상징 중 하나인 대량생산의 꽃을 피운 것이죠. 1909년 포드 자동차 공장의 조립 라인을 보고 큰 충격을 받은 독일 건축가 발터 그로피우스(Walter Gropius)는 "혁명이다. 20세기 노동과 소비문화는 송두리째 바뀌고 있다. 포드의 이런 생산 시스템을 주택 건축에 도입할 수 없을까?"라고 고민했다지요. 그는 시행착오 끝에 1923년 조립식 실험 주택을 만드는데 성공하기도 하였답니다.

네 그렇습니다. 인간에게 편리하고, 다루기 쉽고, 가격까지 경쟁력 있다면 하나의 붐처럼 기존의 문화가 대체되는 현상을 우린 여러 차례 경험해 왔습니다. 인도에서 영국으로 들여온 면직물이 그랬고, 후추와 향신료가 그랬습니다. TV가 그랬고, 컴퓨터와 인터넷이 그랬고, 스마트폰이 그랬습니다. 지금은 인공지능, 블록체인, 헬스케어, 자율주행차 등이 삶의 혁명을 또 바꿀 준비를 하고 있습니다.

반면 당시 영국에서는 앞서 언급했던 발전과 안정 사이에 후자를 택하게 되었는데요. 영국에서는 적기조례, 흔히 붉은 깃발법[2](Red Flag Act)이라는 법을 제정했는데 자동차의 등장으로 피해를 볼 수 있는 마차를 보호하기 위해 제정된 법이었습니다. 1865년 영국에서 제정돼 1896년까지 약 30년간 시행된

---

2) 정식명칭은 'The Locomotives on Highways Act' 이다.

세계 최초의 도로교통법인 동시에 시대착오적 규제의 대표적 사례로 꼽히기도 합니다. 영국은 마차 사업의 이익을 보호하기 위해 자동차의 최고속도를 제한하고 마차가 붉은 깃발을 꽂고 달리면 자동차는 그 뒤를 따라가도록 하는 이 법으로 인해 영국은 가장 먼저 자동차 산업을 시작했음에도 불구하고 독일과 미국에 뒤쳐지는 결과를 초래하였습니다. 가만 생각해보면 영국의 자동차 브랜드 중에 순간 떠오르는 모델이 있나요? 현장에서 갑자기 물어보면 대답을 머뭇거리는 분들이 상당히 많았습니다.(웃음)

사실 그 시기를 조사해보면 그럴만도 했다는 생각에 이르게 되기도 하죠. 증기 자동차의 폭발사고가 끊이지 않았고, 무지막지하게 덩치가 큰 증기자동차가 길을 막는 것은 예사였으며, 시끄럽고 무거워 도로를 자주 망가뜨리면서 사회적 이슈가 되었다고 합니다. 생각해보면 당시 도로 포장 기술이 지금처럼 발전했다고 보긴 어려울 것 같습니다. 비포장 도로에서 굉음을 내며 지나가는 자동차의 사고가 많았음은 미루어 짐작할 수 있을 것 같네요. 이런 상황에서 사양길을 걷던 마차 업자들이 반기를 들고 정치권에 로비를 해 적기조례를 통과시키게 되죠.

1861년 영국 의회는 관련법을 시행합니다. 자동차의 등장으로 생긴 문제점을 고치려 만든 도로교통법이 탄생한 것이지요. 적기조례에 따라 증기자동차의 중량은 12톤으로 제한되고, 최고 속도는 시속 10마일(16㎞/h), 시가지에서는 시속 5마일(8㎞/h)로 다니도록 제한했습니다. 다시 말하면, '마부들이 실직하면 안 되니까, 또 위험하니까 자동차는 마차보다 늦게 운행하라'는 것이었습니다.

[붉은 기수와 증기 자동차의 모습 / © sciencephoto.com]

1865년에는 법을 개정해 제한규정을 더 강화시킵니다. 증기자동차는 시외에서 시속 4마일(6.4㎞/h), 시내에서는 시속 2마일(3.2㎞/h) 이내의 속도로 다니도록 했습니다. 1대의 자동

차에는 운전수와 기관원, 기수 등 3명이 타야하고, 그 중 기
수는 낮에는 붉은 깃발을 들고 밤에는 붉은 등을 들고 자동차
의 55m 앞을 달리면서 마차에게 자동차의 접근을 알려야 했
습니다. 이때부터 적기조례라는 말이 사용되었다고 하죠.

이 법은 무려 30여년이나 시행됐고, 1896년에야 폐지됩니
다. 적기조례 시행 직전 영국의 자동차는 시속 40㎞의 속도를
낼 수 있었지만, 세계 최초로 자동차를 상용화했던 영국은 30
여 년 만에 자동차 산업의 주도권을 프랑스와 독일, 미국, 이
탈리아 등에게 빼앗기게 됩니다. 이 때 벌어진 기술 격차를
채우는데 무려 70여 년이 걸렸다고 하죠.

#24. 우리나라 자동차 史

우리나라는 그때 어떤 상황이었을까요? 이 시기는 영국 외
미국과 독일을 중심으로 2차 산업혁명이 활발하게 진행되고
있던 때입니다. 우리는 불행히도 산업혁명의 르네상스를 함
께 하지 못하고 서서히 국격이 몰락해가는 과정에 놓여있었
습니다. 세계 최초의 불평등 조약이라 칭하는 강화도 조약을
시작으로 일본의 국권 침탈이 본격화되던 시기였고, 어렵사
리 1945년 해방을 겪고 난 후 1953년 또다시 6.25 전쟁이
발발하며 국토가 초토화되게 되죠.

이후 전쟁의 아픔을 극복하며 세계 최빈국 대열에서 거듭나
기 위한 노력이 시작되었는데요. 공업 발전을 상징하는 것

중 대표적인 것이 자동차 산업이죠. 우리나라 최초의 자동차를 아시나요? 보통은 현대 자동차의 '포니'를 최초의 자동차로 알고 계신 분들이 많더라고요. 그러나 '포니'는 우리나라 최초의 국산모델 브랜드를 가진 자동차였고, 최초의 타이틀은 이름을 제대로 명명하기 어려운 '시발 자동차'가 그것입니다.(웃음) 첫, 최초의 자동차라는 의미가 있겠습니다.

[시발자동차 / 대한민국역사박물관에서]

'시발'이라는 이름의 자동차가 생산된 것은 한국 전쟁이 끝난 직후인 1955년 8월의 일입니다. 최초의 자동차는 을지로 천막 안에서 최무성, 최혜성, 최순성 3형제에 의해 만들어졌다고 하는데 전쟁이 끝나자 파괴된 자동차들의 부품을 활용하여 운행 가능한 자동차를 만들어내는 자동차 재생 산업이 활기를 띠었기 때문입니다. 지프의 엔진과 변속기, 차축 등을 이용하여 드럼통을 펴서 만든 첫 지프형 승용차로 우리 손으로 만든 첫 자동차였죠. 시발은 2도어 4기통 1.323cc 엔진에 전진 3단, 후진 1단 트랜스미션을 얹었으며, 국산화율이 50%나 되어 긍지가 대단했으나, 한 대 만드는데 4개월이나 걸려, 시발자동차의 값이 당시 8만 환으로 너무 비싸 사가는 사람은 별로 없었다고 합니다.

그러다가 1955년 10월 광복 10주년을 기념하여 경복궁에서 열린 산업박람회 때 최무성 씨가 시발차를 출품하여 최우수 상품으로 선정됨과 동시에 대통령상을 수상함으로써 신문에 크게 보도되자 을지로 입구에 있던 그의 천막 공장에는 시발차를 사가려는 고객으로 문전성시를 이루었으며, 이로 인해 가격도 하루아침에 30만 환으로 뛰어 올랐다고 합니다. 대통령상을 받은 후 한 달도 못되어 1억 환 이상의 계약금이 들어와 이 돈으로 공장도 사고 시설도 제대로 갖추어서 양산 체제로 돌입했다고 하죠. 특히 영업용 택시로 인기가 높아서 흔히 지금 기억하시는 분들은 '시발 택시'로 많이들 알고 계시더라고요.

시발자동차는 소위 '빽'을 써야만 살 수 있을 만큼 인기가 있었다고 합니다. 상류층 사회에서는 이 자동차를 구입하기 위한 '시발계'까지 등장하였다고 합니다.(웃음)

자동차 공업을 발달시키기 위해 대한민국 정부는 1962년에 '자동차 진흥 정책'을 발표하였고, 자동차공업보호법을 시행하였습니다. 외국의 자동차 제조업체는 지역 업체와의 조인트 벤처 형태를 제외하고는 대한민국 국내에서 사업을 하는 것이 금지되었습니다. 정부의 이러한 정책은 다른 산업 분야에서 창립된 기업이 자동차 산업에 진출하여, 신생 업체를 창립하는 효과를 가져와 산업 부흥을 도모하였죠.

이후 현대자동차는 1975년 대한민국 최초의 고유 모델 자동차인 '포니'를 개발하여 1976년에 판매하기 시작했습니다. 같은 해 대한민국 승용차 시장에서 폭발적인 인기를 끌어 자동차가 많지 않던 시대에 10,726대가 판매되어 43.5%의 점유율을 보였다고 하죠. 이를 통하여 대한민국은 아시아에서는 일본에 이어 2번째로, 세계에서는 16번째로 고유 모델 자동차를 만든 국가가 되었습니다.

제가 어린 시절에 저희 아버지가 포니를 구입하셔서 저희 네 가족이 서울 근교로 드라이브 나가던 기억이 납니다. 당시 서울 근교였다 하더라도 비포장 도로가 여전히 많아 덜컹거리는 차 안에서 멀미를 심하게 했던 기억도 있군요. 또 아버지께선 쉬는 날이면 커다란 고무다라와 긴 고무호스를 사용해 앞마당에서 정성껏 세차 하시던 모습과 차를 안 쓰는 날에는 회색 덮개로 꽁꽁 포장해 놓으셨던 것도 생각나네요. 요즘 몸이 좀 아프신데 이 기회를 빌어 얼른 쾌차하시라는 말을 전하고 싶네요.(웃음)

[포니 최초 모델 / 대한민국역사발물관에서]

이후 현재까지 급속한 발전을 이뤄 대한민국은 세계에서 가장 발전된 자동차 생산국 중의 하나가 되었습니다. 시발자동차가 등장한지 65여년이 지난 지금 우리의 자동차 산업은 놀랍게도 세계에서 경쟁력을 가진 주력 산업으로 부상한 것이죠. 1988년 연간 국내 생산량이 100만 대를 초과하였으며, 1990년대에는 디자인, 퍼포먼스, 기술 측면에서 그 능력을 입증할 뿐만 아니라, 그 완숙함을 나타내는 모델 생산이 이어지고 있습니다. 이제는 박물관에서나 볼 수 있는 이 자동차의 역사가 없었다면 현재와 같은 상황은 늦게 찾아왔겠지요.

1796년 증기 자동차가 최초로 등장하고 근 200여년이 지나는 동안 세계에서는 눈부신 기술발전을 이뤄냈습니다. 이제 인류는 삶에서 아주 중요한 부분을 온전히 기계에 넘기려고 하고 있습니다. 바로 오랜 숙원인 자동차의 핸들을 놓는 것입니다. 운전을 하지 않고 이동하게 됨으로써 인류는 훨씬 더 많은 시간을 절약하기 위한 새로운 시도에 도전하게 됩니다.

#25. 미래 자동차 춘추전국시대

오늘날의 자율주행자동차 시장은 그야말로 한치 앞을 분간하기 어려운 상황으로 세계 각국에서 다양한 분야의 오랜 시간 업력을 쌓아온 이종 업종의 기업들이 촌각을 다투며 합종연횡하고 있는 마치 춘추전국시대와 같은 모습이라고 할 수 있겠습니다. 전통적인 자동차 메이커 회사 외에 이제는 5G 통신 기술을 앞세운 거대 통신사부터 포털, 커뮤니티, 지도, OS 등의 빅데이터와 플랫폼을 갖고 있는 IT회사 등 그 분야와 종류도 매우 다양한데 이들이 독자적으로 치고 나가는 것이 아닌 상호간 매우 복잡한 구조로 협력하기도 하고 경쟁하기도 하면서 자율주행 시장을 주도하고 있는 모양새이지요.

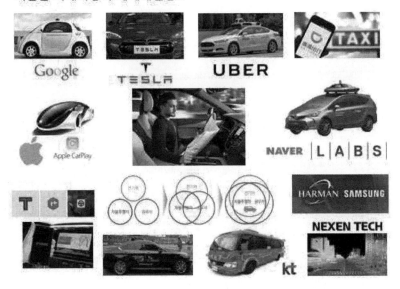

지금은 미래자동차 세계대전중...

전 세계 최고의 플랫폼 기업인 구글이지만 당장 엔진과 조향 장치를 만들 수는 없는 노릇입니다. 그래서 자율주행 '플랫폼' (기술이나 인터페이스, 개념 등을 총망라한)을 보유한 회사들은 자동차 제조사와 손을 잡을 수밖에 없고 자동차 제조사 역시 반대로 마찬가지입니다. 이러다보니 기업 간 업종을 불문하고 합종연횡이 매우 복잡하게 일어나고 있습니다. 구글은 웨이모 (Waymo)를 통해 자율 주행 첫 상용화 시대를 열어 시장을 선 도해 나아가면서 그 와중에 포드, 볼보, 우버 등과 함께 자율 주행 관련 법안과 규제에 관련된 연합체를 구성하여 보다 진보된 자율주행 여건을 마련하고 있습니다. 2013년에는 우버에 투자했는데, 그래놓고 우버 같은 차량공유 플랫폼을 만들며 우버와 경쟁할 기미가 보이자 우버도 2015년부터 아예 자율주행차를 도로에 내놓고 토요타, 볼보 등과 손잡고 자율주행차를 만들고 있는 형국입니다. 제가 개인적으로 기대하고 있는 애플은 2014년쯤 '타이탄'이라는 프로젝트를 통해 소위 '애플카'를 극비리에 만들고 있다고 전했습니다. 아직 애플카는 등장하지 않았지만, 폭스바겐과 렉서스 차량을 기반으로 자율주행시스템을 테스트하면서 구글이 우버에 투자했던 것처럼, 디디추싱에 투자하면서 부족한 영역에 대한 데이터를 확보하고 연구하는 중이라고 합니다. 우리도 네이버랩스, 카카오 모빌리티, KT, SKT, 현대, 삼성, 넥슨 등 기업간 협력과 경쟁을 펼치며 분주하게 시장을 형성해 가고 있습니다.

자율주행 시장의 몇몇 대표 주자를 조금 더 살펴볼까요? 구글의 전 부사장이었고, 현재는 MooC의 대표주자인 유다시티(Udacity)를 이끌고 있는 세바스찬 스런(Sebastian Thrun)이 주도한 구글 'X 프로젝트 랩'은 2009년 자율주행 개발을 시작했는데요, 독자적인 자동차 개발 및 생산보다 기존 모델에 자율주행 시스템을 적용하는데 초점을 맞춰왔습니다. 구글은 2012년 3월 28일 시각장애인을 태우고 시험 주행에 성공한데 이어 2012년 5월 8일에는 처음으로 네바다 주에서 시험 면허 획득에 성공하면서 세계는 자율주행자동차에 대한 이목을 집중시키기 시작했습니다.

[웨이모 / ⓒ waymo.com]

결국 구글은 자회사 웨이모를 통해 자율주행 자동차 개발 10년 만에 무인택시 정식서비스 시대를 열었습니다. 모빌리티 서비스와 자율주행 운용체계 모두 보유하게 된 셈이지요. 심지어 2018년 12월 5일, 미국 애리조나 주 피닉스시 주변 160㎞ 반경에서 약 400명 고객에 한정해 정식 운행을 시작했습니다. 상용화의 첫 신호탄이었습니다. 웨이모의 성공적인 런칭은 미국 디트로이트에 자율주행자동차 양산을 위한 공장을 설립까지 이어지는데요, 이는 레벨4 수준의 자율주행자동차만 생산하는 첫 대형공장인 셈입니다. 2019년 7월에는 캘리포니아 주에서 자율주행 택시 허가도 받는 등 파죽지세로 영역을 넓혀가고 있는 중입니다.

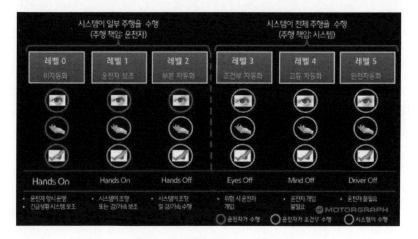

[자율주행 기술의 단계별 분류 / © Motograph]

레벨4 수준의 컨셉 카를 선보이는 기업들이 많은 반면, 현재 양산 모델에 적용되고 있는 최고 수준의 자율주행기능은 레벨 2.5 수준의 반자율주행 기능으로 미국 테슬라가 가장 앞서 있는 것으로 평가되고 있습니다. 테슬라는 자율주행기능인 오토 파일럿을 소프트웨어 업그레이드를 통해 계속 진화시켜왔고, 2020년 버전9을 출시할 계획이라고 하죠. GM, 메르세데스 벤츠, 아우디, 현대차, 쌍용차, 혼다차 등 다른 업체들도 역시 경쟁이 치열합니다.

우리 정부는 2019년 10월에 2024년까지 자율주행 '레벨4(운전자 개입 없는 자율주행)'를 위한 제도를 마무리하고, 2027년 고속도로 등 전국 주요 도로에서 자율주행자동차 상용화를 이루겠다고 발표했습니다. '2024·2027' 자율주행 로드맵으로 착착 진행하면 세계 최초인 셈이죠. 한편으로 전문가들은 장밋빛 비전보다는 당장 제도 개선이 급하다고 판단하고 있습니다. 미국의 경우 애리조나 주 등에선 수천대의 자율주행 차가 도로에서 테스트 중인데요, 그에 반해 한국은 임시 허가를 받은 80여대의 운행이 전부죠. 기본적으로 포지티브(허용하는 것 외 금지) 규제를 적용하다 보니 신규산업에 대해선 폐쇄적일 수밖에 없는 환경인 것입니다. 또 자율주행 기술은 주행 기록 등 데이터가 경쟁력이지만, 국내 업체는 걸음마 단계로 특히 레벨 4 수준의 주행에서 빅데이터는 필수입니다. 구글 웨이모 등 해외 자율주행업체가 인공지능(AI)과 연계한 데이터 축적에 사활을 거는 것도 이런 이유에서죠.

우리는 일제강점기와 한국 전쟁을 거치며 뒤쳐진 자동차 산업을 65년이 지난 지금 세계 선도국 수준으로 끌어올린 경험을 갖고 있습니다. 미래차 부문에서 아직 갈 길이 멀지만 우리의 저력을 한번 더 믿어보고 싶군요.

#26. 종이 매체의 몰락

2007~8년경까지 서울에서 지하철을 타러 들어가는 입구에는 경쟁하듯 여러 매체의 무가지가 놓여있었고, 시민들은 출퇴근 시 작고, 읽기 적정한 분량의 무료 신문을 챙겨 무료한 이동 시간을 달래곤 하던 모습이 눈에 선한데요. 저 역시 지하철에서 메트로, 포커스 같은 무가지를 통해 주요 뉴스나 정보를 챙겨보던 기억이 생생합니다. 나이 지긋하게 잡수신 어르신들은 여전히 두껍고 큰 주요 일간지를 펼쳐 좁은 지하철 인파속에서 힘겹게 보시던 모습도 떠오르네요.(웃음) 그러나 불과 10년도 채 되지 않은 시간에 그 풍경은 거의 사라지고 이젠 모두가 스마트폰을 쳐다보고 있습니다. 그 당시엔 무가지가 제공하는 한

정된 지면을 통해 일방적인, 그리고 똑같은 정보 제공을 받았
지만 이제는 스마트폰을 통해 같은 시각, 모두가 다른 콘텐츠
를 접할 수 있게 되었지요.

[© pixhere.com]

누구는 뉴스를 보고 다른 누구는 게임을 하며, 또 다른 누구
는 어제 못 본 드라마를 보고, 쇼핑을 하고, 또 친구와 채팅을
주고받거나 SNS 활동을 합니다. 모두가 저마다의 취향과 필요
에 따라 마음껏 원하는 서비스에 접근해 활동합니다. 2020년,
현재 대한민국 시민 생활상, 우리의 모습입니다.

1996년 69.3%에 이르렀던 신문구독률은 2017년 언론수용자 의식조사에서 9.9%로 급감했습니다. 인터넷과 스마트폰으로 뉴스를 소비하는 것이 익숙한 포노 사피엔스 세대는 신문을 거의 보지 않게 되었죠. 한마디로 '불편'하기 때문입니다. 신문사들이 종이신문을 아직 유지하고 있는 것은 광고 수입 때문입니다. 언론의 경영을 위해 종이에 광고를 계속 인쇄하고 있습니다. 그러나 신문의 광고 효과는 급격히 줄어들고 있어 광고주들이 머지않아 신문 광고를 줄여나갈 것으로 보입니다. 결국 독자가 이탈하고 광고주도 독자를 따라 디지털 플랫폼으로 이동하고 있어 신문사의 수익 구조는 어려워지게 되었습니다. 무가지 시장에서는 '메트로'만 제외하고 현재 모두 폐간되기에 이르렀죠. 주요 일간지의 사정도 역시 녹록치 않죠.

뉴욕타임스의 마크 톰슨 최고경영자(CEO)는 CNBC와의 인터뷰에서 "미국에서 인쇄물 형태의 뉴스를 접할 수 있는 시기는 약 10년 정도다. 종이 신문이 최대한 살아남기를 바라지만 마지막 순간이 다가오고 있는 현실을 인정해야 한다. 경제학적으로 우리의 결론은 단순하다. 종이신문이 사라진 이후에도 뉴스서비스를 성공적으로 운용하고 회사를 키워갈 수 있도록 디지털 부문을 강화해야 한다."고 밝혔지요. 뉴욕타임스는 1996년 온라인 판을 도입하고 2011년에는 온라인 유료화를 단행했습니다. 디지털 구독자가 꾸준히 늘어 현재 전체 구독자가 500만 명을 돌파했습니다. 이 중 지난해 확보한 구독자가 100만 명에 이른다고 하지요. 워싱턴포스트 디지털 구독자는 전체의 70%나 되고 파이낸셜타임스의 전체 구독자는 지난해 100만 명으로 2015년(52만 명)의 두 배로 늘었습니다.

인터넷이 불러온 세상의 변화는 스마트폰과 인공지능의 확산으로 또 다른 국면에 접어들었습니다. 인터넷이 태풍이라면 인공지능은 쓰나미라고 할 수 있습니다. 인공지능이 직접 기사를 작성하고 스스로 배포하고 피드백 한다면 어떨까요? 뉴스는 필요하지만 신문사는 아닐 수 있습니다. 그러나 신문사는 여전히 존재하고 있지요. 기술발전의 속도전은 더욱 급격하게 변해가고 있습니다. 신문사가 계속 존재하려면 무엇을 어떻게 해야 할지 다시 진지하게 고민을 시작해야 할 시점임엔 틀림없겠습니다.

#27. 디지털 디바이스 유나이티드

저는 대청소를 하다 곳곳에서 발견되는 아날로그 시절의 디지털 기기들(위 사진)을 발견하고는 잠시 회상에 젖어본 적이 있습니다. 전자사전, CD플레이어, 비디오 테잎, 초기 디지털카메라, 폴라로이드 카메라, mp3플레이어, 삐삐로 명명되었던 무선 호출기, 2G 폴더폰 등등. 80~90년대 이런 디지털 기기들은 보유하는 것 자체가 혁신이었고, 최신의 문화 소유이자, 놀이였지만 지금 돌아보면 각각의 독립된 개체였을 뿐, 그것들은 상호 연결되지 못한 미완의 혁신이었던 것이었습니다. 그럼에도 아날로그에서 디지털이 주는 각각의 부문에서의 효율성, 즉 빠름과 되돌리기, 간편함 등의 요소는 충분히 매력적이었습니다. 사진 찍기를 좋아했던 저는 아날로그 필름 카메라로 촬영을 하고 필름을 사진관에 맡겨 약 1주일가량의 기다림이 매번 너무 지루했습니다. 그러다 초창기 200만 화소 디지털 카메라를 손에 든 순간부터 저는 효용의 극치를 느끼기 시작합니다. 찍고 바로 볼 수 있고, 저장할 수 있고, 또 무척이나 많이 찍어도 용량도 충분했습니다. 인터넷 커뮤니티가 늘어나며 사진을 공유하는 재미도 생겨났지요. 이후부터 너무도 자연스럽게 필름 카메라는 손에 들지 않게 되었습니다.

지금은 상기의 요소들이 모두 스마트폰 안에 통합되어 있고, 심지어 다른 사람들과 서로의 콘텐츠를 실시간으로 공유하기도 하지요. 스타트업을 준비하는 학생들에게 "여지껏 스마트 폰에 통합되지 않은 것을 생각해보면 또 하나의 비즈니스 모델이 될 수 있겠다"라는 말을 해준 적이 있습니다. 그만큼 점차 많은 요소들이 스마트 폰으로, 스마트 디바이스로 합쳐지거나 연결 되겠죠.

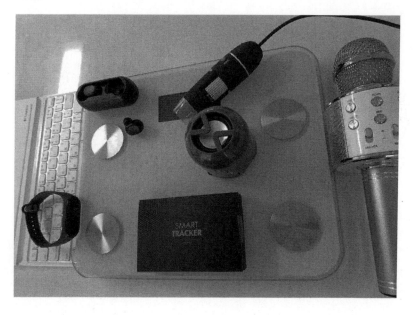

자, 이번에는 10여년의 시간이 바뀐 현재 제가 갖고 있는 디 지털 기기들을 모아 보았습니다. 디바이스들은 비슷한 형태를 유지하고 있는데 다른 점을 알아채실 수 있으시겠어요? 바로 스마트폰에 모두 연결되고 제어된다는 점입니다. 무선이어폰, 무선키보드, 스마트밴드부터 심지어 노래방 마이크와 체중계까 지 모두 블루투스로 연결되어 제어되거나 기록되고, 또 공유됩

니다.

미국 애플에서는 2018년 12월 6일, 9월에 발표된 애플워치 4 OS 최신버전 '워치OS 5.1.2' 업데이트와 함께 심전도 측정기능(ECG, Electrocardiogram) 기능을 활성화했습니다. 그런데 바로 이 심전도 앱이 출시 이틀 만에 애플워치4 사용자의 목숨을 구해 화제가 된 적도 있지요. 이제는 단순한 기기의 활용을 넘어 데이터를 기록하고, 공유함으로 인해 데이터 경제 구축의 근간이 된 것입니다.

한 달, 1년 단위로 세상이 급변하는 속도를 적시적으로 체감하긴 어렵겠지만 불과 10년, 20년 전의 과거를 돌아보면 말 그대로 격세지감을 느끼게 되죠. 우주 산업이나 통신이나 생활상 등 언젠가 편리해지겠지, 빨라지겠지, 또 그렇게 되리라 어렴풋하게 먼 미래라 여기고 쉬운 예측만 해왔지, 실제 우리 생활 곳곳을 대체해버린 지금에서는 막상 새로운 기술들에 적응하는 것도 벅찰 지경이지요. 실제로 기술발전은 더 빠르고, 급격하게 진보하고 있고, 서로 연결되어져 인간이 아닌, 기술이 기술을 개발하는 시대로 접어들고 있습니다. 앞서 살펴본 자동차, 신문, 개별 디지털 기기, 우리의 생활 모습 등 모든 것은 지금 이 시간에도 빨리 변해가고 있습니다.

#28. 컴퓨터 혁명

 이번에는 세 번째 산업혁명을 촉발시키는데 있어 석기 시대 불의 존재처럼 없어선 안 될 컴퓨터의 등장과 그 급격한 변화에 대해 살펴보겠습니다. 제가 어린 시절, 80년대에 컴퓨터 학원이 유행이던 시절이 있었습니다. 대부분의 학생들이 방과 후 컴퓨터 학원에 가서 8비트나 16비트 컴퓨터로 도스(DOS) 작동법을 익히고, 간단한 프로그래밍도 해보고 또 학원을 가는 근본 목적이었던 게임도 해보고 했을 텐데요.(웃음) 그때 컴퓨터의 역사를 배우면서 하도 달달 외워 각인이 된 최초의 컴퓨터로 알려진 '에니악(ENIAC)'이 있었습니다. 그 다음 버전은 에드삭(EDSAC), 에드박(EDVAC), 유니박 I(UNIVAC - I) 순으로 이어지는 단순 암기용 지식을 그냥 의미 없이 배웠던 기억이 있습니다. 아쉬운 건 제게 이런 역사를 설명해주던 학교나 학원 선생님들 모두 실은 본적도 없고 어떻게 구동되는지도 불확실한 가공의 지식을 전해주고 있었던 것이죠. 저는 진공관은 알겠는데 그것이 어떻게 컴퓨터로서 연산이 가능했는지를 알기를 원했지만 관련 자료도 없고, 아는 이도 만날 수 없었습니다. 사진처럼 그저 엄청난 크기의 컴퓨터였다는 것과 전기를 무지하게 많이 소모했다는 것밖엔 지식의 확장을 기대하긴 어려웠죠.(웃음)

[에니악(Eniac) 실제모습 / © wikimedia commons]

그러다 몇 년 전에 강의를 준비하면서 자료를 수집하던 중 유튜브에서 오랜 숙원을 풀 수 있게 되었는데, 미국 펜실베니아 대학에서 개발해 운용 중이던 에니악의 영상을 드디어 보게 된 것이죠. 마치 게임속의 희귀 아이템을 획득한 것 마냥 저에겐 매우 기뻤던 순간이었습니다.

영상을 보면 프로그램 설계도로 보이는 문서를 확인하며 바쁘게 코드를 꼽았다 빼며 조합을 바꾸는 여성들이 보입니다. 이 배치에 따라 진공관의 연산은 바뀌게 되고, 손으로 하던 작업에 비해 상상할 수 없을 만큼 빠른 수식 연산이 가능하게 되죠. 이때 코드 꼽는 작업을 수행한 사람을 '코더(coder)'라 했고 여기서 현재 프로그램을 작성하는 의미의 '코딩(coding)'이 유래되었지요. 또 진공관에 벌레가 자주 들어가 오류를 일으키면서 현재의 '버그(bug)'라는 프로그래밍 오류를 나타내는 것도 여기서 유래하기도 했습니다.

아무튼 교과서에서 배운 대로 컴퓨터는 세대를 거듭하며 발전해 왔고 오늘날에 이르고 있습니다. 인터넷이 등장하기 전까지 가정용 컴퓨터는 일반인들에게 주로 게임 말고는 크게 효용이 있었다고는 볼 수 없었죠. 아, 플로피 디스크를 쓰던 시절 여기저기서 출처 불명의 게임 프로그램을 복사해 쓰다가 걸린 바이러스를 잡기 위해 그 유명한 안철수 씨의 '백신(Vaccine)'을 사용했던 기억도 나는군요. 그땐 참 구세주 같은 분이셨죠.(웃음)

자, 컴퓨터가 등장하고 보급되는 사이 전 세계는 또 하나의 대변혁을 맞이할 준비를 하게 되는데 그것이 바로 '인터넷(Internet)'이었습니다. 당시 구글의 CEO, 에릭 슈미트는 "인터넷은 인간이 발명해 놓고도 이해하지 못하는 최초의 발명품이며, 역사상 최대 규모의 무정부주의에 대한 실험이다"라고 평하기도 했습니다. 저는 컴퓨터가 '인터넷으로 연결'되기 시작하면서 정보화 혁명, 즉 3차 산업혁명이 촉발되었다고 생각합니다. 1969년 미국 국방부에서 군사 목적으로 만든 UCLA와 스탠퍼드 대학교 등이 보유한 컴퓨터를 네트워크로 연결한 ARPANET이 그 시초였습니다.

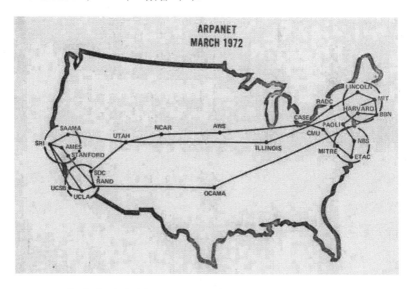

[1972년 당시 아파넷(ARPANET) 맵 / © wikimedia commons]

당시 대학에서 논문 등의 자료를 주고받는 등의 용도로 사용되다가 점차 수많은 대학교들이 ARPANET에 연결되며 그 규모를 확장하였는데 이에 미 국방부는 ARPANET을 민간용으로 풀어 버리고 이것이 현재의 인터넷 환경의 기반을 갖추었다고 평가됩니다.

1989년, 유럽입자물리연구소(CERN)의 연구원인 영국의 팀 버너스 리(Tim Berners-Lee) 박사는 전 세계의 대학 및 연구소들끼리의 상호 연구를 잘 하려면 정보를 신속하게 교환할 수 있게 하기 위해 문서뿐만 아니라 소리, 동영상 등을 망라하는 데이터베이스를 구축하고 이를 전문 열람 소프트웨어로 볼 수 있는 방식을 생각해 내게 됩니다. 이것이 바로 '월드 와이드 웹(WWW, World Wide Web)'의 탄생이었습니다. 인터넷상의 정보를 하이퍼텍스트(Hypertext) 방식과 멀티미디어 환경에서 검색할 수 있게 해주는 정보검색 시스템으로 이는 다음 세 가지 기능으로 요약할 수 있겠습니다. 첫 번째, 통일된 웹 자원의 위치 지정 방법 예를 들면, URL이 그것이고 두 번째, 웹의 자원 이름에 접근하는 프로토콜(protocol) 예를 들면 HTTP가 해당되겠습니다. 마지막으로 자원들 사이를 쉽게 항해 할 수 있는 언어로 HTML(HyperText Markup Language)이 그것입니다. 여담으로 세계 최초로 인터넷에 업로드 된 이미지는 이것입니다.

[CERN 연구소 여성직원이 만든 코믹 밴드 'Cernettes' / © Flickr.com]

제 개인적인 생각으로 〈a href="..."〉text〈/a〉 구조로 이루어
진 HTML 하이퍼링크 명령어는 현재의 초 연결 사회를 있게
한 숨겨진 열쇠라고 생각됩니다. 인터넷이 물리적인 연결을 이
뤄 하나의 가상공간을 만들었다면 이 하이퍼링크 기능으로 정
보는 꼬리에 꼬리를 물고 연결되어 그 공간을 채워가기 시작했
습니다.

#29. 그땐 그랬지

인터넷이 우리나라에 확산되던 90년대 후반 그 즈음을 기억하시나요? 포털 검색, 메일 서비스가 등장했고, 쇼핑, 게임, 언론매체, 커뮤니티 서비스를 중심으로 차츰 온라인 경제가 발전하기 시작했지요. 저는 1998년 대학 여름방학 때 놀러온 초등학교 친구와 학교 전산실에서 놀다가 친구가 알려준 이메일 계정을 처음 개설하고 매우 기뻐했던 때가 생각나는군요. 잠시 추억 속에 빠져보실까요?

비영리 단체인 '인터넷 아카이브(Internet Archive, archive.org)'에서는 인터넷 사이트 및 기타 문화적 인공물을 디지털 도서관 형태로 구축하고 있습니다. 마치 과거의 유물을 전시해 놓은 박물관 같은 느낌으로 여러분이 보고 싶은 웹 사이트의 당시 모습 그대로를 찾아볼 수 있습니다.

[1998년 당시의 초창기 네이버 / © archive.com]

위 그림은 우리에게 익숙한 국민 포털이죠, 1998년도 네이버의 초창기 모습입니다. 현재의 초록색의 브랜드 테마를 사용하기 전으로 텍스트 위주의 링크만 잔뜩 걸려있는 초기 모습이 색다르네요. 당시에 국산 포털이 나오기 전에는 대부분 야후!가 대표적이었지요.

[1996년 당시의 야후! / © archive.com]

당시 야후!의 모습에 추억에 잠긴 분들도 꽤 많으실 것 같은
데요.(웃음) 국산 포털보다 우선 정보가 나름 방대했지요. 전
세계 월드와이드웹 서버가 분야별·장르별로 메뉴화 되어 있어
원하는 분야를 검색하는 데 편리한 포털 사이트였습니다.

이 외에도 국내에선 다음, 네띠앙, 드림위즈, 야후 등 한 시대를 주름잡았던 다양한 포털 사이트들이 많이 생겨났습니다. 심지어 당시 여러분이 만들었던 홈페이지도 운 좋으면 다시 볼 수 있을지도 모르겠습니다. 제가 당시 만들었던 상업용, 개인용 홈페이지도 꽤 많았는데 지면상 공개하기 어렵지만 상당수가 아카이브에 남아있어 가끔씩 추억에 잠기곤 한답니다.(웃음)

[2000년대 싸이월드 모습]

우리나라에서 대표적으로 큰 성공을 구가했다가 문을 닫았거나 거의 이용하지 않는 웹 서비스들도 있었는데, 바로 2000년의 '아이러브스쿨'과 2003년의 '싸이월드'입니다. 오늘날 세계를 호령하는 페이스북이나 SNS의 원조 격으로 볼 수 있는 인맥 네트워크를 활용한 훌륭한 서비스를 선보였지만 운영상의 실책으로 결국 문을 닫거나 겨우 명맥을 유지하는 형편이 되고 말았죠. 글로벌 시장을 염두에 두고 장기적 관점의 운영 전략을 폈으면 어땠을까하는 아직도 안타까운 기억을 갖고 있는 비즈니스 모델이었습니다. 얼마 전 싸이월드가 자금난을 이기지 못하고 문을 닫는다는 소식에 많은 누리꾼들이 추억 속 사진 등의 데이터를 백업하지 못해 발을 동동 굴려야 했던 일이 있었는데요. 다행히 다시 서비스를 재개하게 되어 현재까지 운영은 되고 있으나 명목상의 운영일 뿐, 이용자는 이미 달라진 플랫폼에 떠난 지 오래죠.

아무튼 이 시기는 전 세계적으로 창의적 아이디어로 무장한 벤처기업이 많이 생겨나기 시작했습니다. 기존의 제조 기반 사업체와 달리 컴퓨터와 인터넷, 아이디어, 소규모 자본만 있으면 누구나 진입장벽 걱정 없이 사업을 시작할 수 있었죠. 현재 우리나라 ICT 비즈니스의 근간을 세운 벤처 1세대도 모두 이때 등장한 창업가들입니다. 그러나 수많은 IT기업들이 시도했던 인터넷 서비스들이 과도기적인 인터넷 기술에 너무 많은 것을 융합하려다 보니 너무 시대를 앞서가게 되었고 결과적으로는 실패한 실험이 전 세계적으로 속출하면서 미국 발 닷컴버블이 발생하기도 하였죠.

닷컴 버블을 짧게 해설하자면, 당시 미국 경기는 인터넷, PC 보급에 따른 노동 생산성 혁명으로 최장기(1991~2001년) 호황을 만끽하며 막연한 낙관론이 증폭되던 시기였습니다. 주식 투자자들은 인류가 기존에 경험하지 못한 '신경제(new economy)'의 지평을 연 첨단기술에 열광했지요. 미국의 PC 소유 가정은 1990년 전체의 15%에서 2000년 51%로 불어났고, 인터넷은 정보 격차 해소와 가상(cyber) 공간이라는 놀라운 경험을 선사했습니다. 아마존과 아메리카온라인(AOL), 야후! 등이 내놓은 미래의 눈부신 사업 모델을 접한 사람들은 입을 다물지 못했지요. 전문가와 미디어는 기업 가치를 과거의 이익으로 평가하는 시대가 저물고 있다며 정보기술(IT) 신대륙을 향한 '골드러시'를 자극했습니다.

나스닥의 비이성적 낙관론은 전 세계로 전염병처럼 번져나갔고, 마침내 외환위기 여파로 신음하던 한국에서조차 놀라운 광경을 만들어내기 시작했지요. 1999년 봄 코스닥 시장에선 골드뱅크커뮤니케이션즈(골드뱅크)라는 회사가 '인터넷으로 광고를 보면 현금을 준다'는 독특한 사업 모델로 투자자를 모으며 그해 2월 초까지 15일 연속 상한가를 달렸는데 1년 만에 몸값이 50배인 4,000억 원까지 치솟은 적이 있었습니다. 그것을 시작으로 '무료 인터넷 전화' 사업을 내세운 새롬기술이 등장하며 1999년 8월 상장 6개월 만에 무려 150배 가까이 폭등해

단숨에 코스닥 황제주로 떠올랐습니다. 그 후 한글과컴퓨터(창업자 이찬진), 국내 최대 포털 다음커뮤니케이션(이재웅)이 수개월 만에 수십 배 오르는 주가 상승세에 동참한데 이어, 1998년 한게임커뮤니케이션(김범수)이란 회사가 등장했고, 당시 '리니지'란 게임으로 관심을 모은 게임업체 엔씨소프트(김택진)도 코스닥 상장 채비를 서둘렀죠. 1998년 말 2,000개 수준이던 벤처기업은 2001년 1만 개를 돌파하며 무섭게 성장합니다.

그러나 코스닥 시장은 갈수록 더 많은 사람을 폰지(다단계 사기) 형태로 불러들였고 '묻지마' 투기장으로 변해갔죠. 다수의 벤처기업은 높은 주가를 이용해 주식을 마구잡이로 찍어낸 뒤 투자자의 돈으로 새로운 회사를 인수했고, 주가가 너무 비싸지면 주식을 쪼개거나(액면분할), 더 많이 찍어 공짜로 나눠주는 (무상증자) 방식으로 다시 싸 보이게 만들었습니다. 기업 이름에 '닷컴' 또는 '인터넷'을 넣는 사명 변경도 급증했죠. 대다수 닷컴 기업이 실상 적자였고, 주가를 떠받칠 연료는 점차 바닥을 드러내고 있었지요. 비실대던 코스닥 지수는 2000년 2월 7일 사상 최대폭(10.0%)으로 급등하며 마지막 화려한 불꽃을 피운 뒤 3월부터 가파른 내리막길을 걷게 되는데, 정부와 거래소는 이후에도 수많은 코스닥시장 신뢰 개선 방안을 쏟아냈지만 20년 가까이 지난 지금도 코스닥은 기준지수(1,000)를 회복하지 못하고 있는 실정입니다.

#30. 지구촌 네트워크

그럼 2020년, 여러분은 스마트폰과 인터넷을 통해 어떤 서비스들을 이용하고 계신가요? 스마트폰이 등장한지 10여년 만에 우리 일상을 차지한 서비스는 어떻게 대체되어왔을까요? 아마도 이제는 일반 명사가 된 소셜 네트워크 서비스(SNS)를 한 개 이상씩은 거의 매일 사용하고 계실 겁니다. 2004년 등장한 페이스북과 2006년 등장한 트위터로 촉발된 SNS의 붐은 사실 이전의 커뮤니티 서비스와 맥락상 큰 차이는 없습니다. 다만 다른 사용자, 다양한 미디어와 연결되고 빠르게 공유할 수 있다는 점이 달랐지요. 로그인을 하고 가입 또는 승인된 회원 기반으로 움직이던 당시 네이버 카페나 다음 카페

형태의 보드(게시판) 커뮤니티 형식에서는 공유나 확산할 수
있는 방법이 다소 제한적이었습니다. 그러나 트위터나 페이스
북의 경우는 달랐습니다. 다른 사람들의 의견이나 콘텐츠를
쉽게 내 인맥들에게 공유할 수 있고, 내 의견을 달아 확산,
강화할 수 있습니다. 피드백 속도도 매우 빠르게 전파되기 시
작했지요. 많은 유명인, 인플루언서가 개인 공식 소통 채널로
사용하기 시작하면서, 또 언론 매체에서도 SNS의 영향력을
주목하기 시작하면서 일종의 붐이 일어나기도 했습니다. 전
챕터에서 언급했던 SNS의 시초 격이었던 아이러브스쿨이나
싸이월드의 몰락이 내심 아쉬워지는 부분입니다. 트위터의 경
우는 최근 다소 시들해지긴 했지만 여전히 강력한 소통 채널
로 사용하고 계신 분이 있죠. 네, 그 분입니다.(웃음)

[도널드 트럼프 트위터 / © twitter.com/realdonaltrump]

또 하나의 주목할 만한 사건이 있었는데요, 그것은 통신사에서 제공했던 단문 메시지 서비스(SMS)의 몰락이었습니다. 2009년 말에 국내에도 어렵사리 아이폰이 출시되었는데, 아이폰 출시 후 주목받는 어플리케이션 중의 하나로 무료 문자 서비스가 있었습니다. 그 원조는 페이스북이 운영하는 '왓츠앱 (Whats App)'이라 할 수 있는데요. 스마트폰에 왓츠앱을 설치한 이용자끼리 무료 문자를 이용할 수 있던 서비스였습니다. 당시 일상생활에서 많이 쓰는 문자 서비스는 이동통신사가 자사 음성 망을 이용해서 제공하고 대부분 건당 요금을 부과했지요. 이것은 그간 통신사의 아주 중요한 수익원이기도 했습니다.

스마트폰의 이러한 서비스 때문에 위기를 느끼던 차에 국내에서도 2010년 카카오톡 서비스가 출시되기에 이릅니다. 당시 스마트폰 유저들에게는 필수 앱이 되면서 폭발적인 성장을 이루기 시작합니다. 특히 2011년 11월에 출시된 카카오톡 이모티콘은 감정의 시각화와 캐릭터 모두 좋은 호응을 얻으며 카카오톡 대화를 기존의 '문자'나 다른 메신저와 확실하게 차별화시키며 대세를 굳혀버리는 결정적인 계기가 됩니다. 현재에는 우리나라 모바일 메신저 사용시간 중 카카오톡이 94.4%의 점유율을 기록하고 있습니다. 국내외 누적 가입자 1억명, 하루 평균 송·수신 메시지 110억 건이라는 거대 플랫폼으로 성장하면서 말 그대로 10년의 시간 안에 국민 메신저로 거듭나게 된 것이죠.

 기존 통신사의 SMS를 통한 수익 구조는 악화일로를 걷게 됩니다. 이후 사실상 백기투항을 하고 대부분 무료 제공 형태로 변모하게 되었지요. 제 강의 전체를 관통하고 있는 공통적인 현상으로 여기서도 반복적으로 나타나고 있는데 알아채셨나요? 사용자 경험을 통한 수요의 폭발이 트렌드를 주도하게 되고 새로운 혁신 시장이 급격한 성장을 이루어 기존 시장이나 방법론은 붕괴되거나 축소된다는 현상이죠.

[각종 SNS / © flickr.com]

이외에도 네이버 밴드, 카카오스토리 등의 폐쇄형 SNS도 많은 사용자가 사용하고 있으며, 지인 기반의 SNS에 피로감을 느낀 사람들이 관심사 기반의 SNS로 이동하기 시작하며 등장한 인스타그램, 피키캐스트, 빙글 등 후발 서비스도 가파르게 성장 중입니다. 최근에는 그 기능이 확장되며 영상 기반의 커뮤니티로 전환되고 있죠. 그 선두에 우리가 이미 살펴봤던 유튜브가 강력한 플랫폼을 바탕으로 시장을 선도하며 Vimeo, 틱톡이 그 뒤를 잇고 있고, 젊은 세대 중심으로는 인스타그램은 이미 대세가 된지 오래되었습니다.

기존에는 방송 매체, 언론에서 생성된 콘텐츠를 단순히 공유하고 확산해 가는 방식이었다면 이제는 일반인이 직접 콘텐츠를 창작하고 영향력을 행사하게 되는 소셜 인플루언서(social influencer), 1인 크리에이터의 활동이 매우 활발해지면서 미디어, 광고 비즈니스 등의 판세도 급격하게 변화하고 있는 추세입니다.

스마트 폰이 일반화되기 이전에는 생각할 수 없던, 성공할 수 없던 서비스였을 겁니다. 결과적으로 걸어 다니면서 네트워크에 접속할 수 있게 되면서 모든 것이 변화하게 된 셈입니다. 스마트폰의 등장과 네트워크 속도와 컴퓨팅 파워의 증진, 포노 사피엔스의 등장으로 삶의 모습은 이전과 다른 속도로 더 급격하게 변화하게 되었습니다.

#31. 디스플레이 혁명

[대한민국 1호 흑백 TV, 금성VD-191 / 대한민국역사박물관에서]

어린 시절 강원도 원주에 계신 할아버지 댁에 찾아갈 때면 위 그림과 같은 흑백 TV가 있었더랬죠. 채널이 잘 잡히지 않으면 미세조정 레버를 돌리거나 알 수 없는 콘트롤러를 누르거나 이리저리 돌리면서 겨우 잡힌 프로그램을 시청했던 기억이 있습니다. 80년대 초중반이니까 주말이면 씨름 경기 중계가 많았던 것 같고, '배달의 기수'라는 국군의 활약상을 그린 프로그램도 재미있게 봤던 기억이 있네요. 대한민국 유일의 공포특집, '전설의 고향'이나 주로 외국 영화들을 어색한 성우 더빙과 함께 방영하던 '토요명화'나 '주말의 명화'도 기억납니다. 완전 아재 인증이군요.(웃음)

1960년대 후반부터 우리나라에는 TV의 보급이 확대되면서 각 가정의 안방을 차지하며 가족 공동체의 중심 도구가 되었습니다. 또한 전 국민을 단일한 이슈로 교류할 수 있게 만든 혁명적 발명이기도 했습니다. 1장에서 설명했던 구텐베르크의 인쇄혁명이 대중 지식 전파에 1차적인 해일을 몰고 왔다면 두 번째 거대 파도는 단연 TV라고 할 수 있겠습니다. 이 전자 디바이스는 활자보다 훨씬 파급력이 셌고 또 강력한 몰입감을 줬습니다. 정부나 언론, 인플루언서들은 이 신박한 소통 채널을 통해 정보 전달 외에도 이슈 몰이를 할 수 있었고, 대중 심리의 방향성을 제어하는데 이용하기도 했었지요.

TV의 사회적 명과 암은 이 강의에서는 차치하고서라도 인류는 보고, 들으며 공감할 수 있는 이 매력적인 도구를 여전히 사랑하고 있습니다. 그로부터 근 60여년의 시간 동안 TV 역시 무한 진화를 반복해 왔습니다.

[LG 롤러블 OLED TV / © flickr.com]

2019년 미국에서 열린 CES(Consumer Electronics Show)에서는 삼성전자의 8K TV, The Wall TV와 LG전자의 롤러블 TV가 세계의 호평을 받으며 세계 디스플레이 시장을 선도하고 있는 위용을 뽐냈었지요. LG의 롤러블 OLED TV는 CES 2019 '최고의 TV'에 선정되는 영애를 누리기도 했습니다. 저는 국내 전시회에서 삼성의 8K TV에 나타난 책장의 책을 저도 모르게 실제 사물로 착각해 손을 뻗었던 웃지 못할 헤프닝도 있었는데요, 그만큼 감쪽같은 현실감이 정말 대단하다 느껴졌던 기억이 나네요.(웃음)

지금은 TV조차 하나의 스마트 디바이스가 되었습니다. 지상파 방송 외 수많은 종합편성채널이 등장했고 TV에서 인터넷 콘텐츠, 즉 유튜브나 넷플릭스, 왓챠 같은 서비스도 볼 수 있게 되었습니다. 특히 인터넷 연결이 가능한 모든 스크린에서 언제, 어디서나 광고나 약정 없이 즐길 수 있는 넷플릭스(Netflix)의 경우, 지상파 방송국 관계자들이 우려할 만큼 막대한 자본으로 기존 미디어 시장을 서서히 잠식해 나가고 있습니다. 1997년에 탄생한 넷플릭스는 세계 최초의 온라인 DVD 대여 서비스를 시작하면서 성장한 기업으로 현재는 기업가치 600억 달러가 넘는 글로벌 공룡 기업으로 변모하게 되었습니다. 최근 1인 가구, 젊은 층을 중심으로 아예 집에 TV를 두지 않거나, 케이블 가입을 하지 않고 인터넷만으로 넷플릭스나 왓챠 등에 가입해서 전 세계 방송 콘텐츠, 영화를 즐기거나 구글 크롬캐스트로 스마트폰 캐스팅이나 미러링 기술을 통해 TV 화면으로 유튜브 등을 즐기는 사례가 늘고 있습니다.

이처럼 TV를 비롯해 디스플레이 시장도 속도전에 한창입니다. 어릴 적 흑백 TV에서 이제는 TV를 돌돌 말 수 있고, 진짜보다 더 진짜 같은 화면을 볼 수 있게 되었습니다. 또 스마트폰을 통해 누구나 TV를 손에 들고 다니게 되면서 정보 전파와 문화 확산력은 유래 없는 강력한 집단 지성의 힘이 되고 있습니다.

#32. 화폐 혁명

4차 산업혁명 시대로 접어들면서 돈에 대한 개념도 바뀌고 있습니다. 소리만 들어도 정겹던 주머니 속 동전 소리, 두둑한 지갑으로 기분이 좋았던 때, 심지어 명절 때면 하얀 봉투에 빳빳한 지폐를 넣어 부모님 용돈으로 드렸던 기억, 어렸을 적 아버지가 받아온 노란색 월급봉투 등 모두 돈에 관한 추억이 하나 둘씩은 있으시겠지요?(웃음) 우리가 늘 손에 들고 물건과 교환을 하며 누군가에게 전달하던 이 화폐의 모습 역시 점차 모습과 용도를 달리하며 변화해 왔습니다.

우리가 이미 살펴봤지만 문명이 발생하고 초기의 상업 활동은 내 지역에서 나는 농산물과 내가 필요로 하는 작물이나 도구 등을 다른 사람과 교환하기 시작하면서 발전해 왔지요. 이후 사람들은 자신의 근로로 얻은 특정한 생산물 외에, 자신의 근로 생산물과 반드시 교환될 것이라 생각되는 어떤 상품의 일정량을 항상 소유하고 있는 방법을 생각해 냈죠. 즉, 교환의 매개수단을 생각하게 된 것입니다. 이것이 화폐의 기원이 되었습니다. 화폐의 등장은 곧 경제 시스템의 발전으로 이어지게 되었습니다. 화폐는 물물교환에서 사용되는 물건들보다 휴대성이 월등히 좋았지요. 때문에 교환의 범위를 넓힐 수 있게 되었고 시장이 확장되면서 분업화와 전문화가 촉진되고 생산성의 향상으로 이어지게 되었습니다.

[고대 로마의 동전 / © pixabay.com]

화폐의 디자인도 각 문명과 나라마다 독특한 모양으로 발전하기 시작하는데 유럽의 경화(금속으로 만든 화폐)는 권력자의 초상(肖像)이나 도상(圖像)을 넣었으나, 중국이나 일본은 경화의 중심에 구멍을 뚫었다고 하죠. 중국의 경화는 완형방공(円形方孔)의 형태를 취하는데, 이는 고대의 우주관과 사상을 바탕으로 하는 것이라고 합니다. 이 구멍은 끈을 통해 많은 양의 동전을 들고 다닐 수 있도록 활용되어 운반에 매우 편리했다고 하죠. 우리의 경우도 비슷했죠. 한편, 유럽의 경화는 이러한 구멍이 없어 운반의 편리함을 위해 지갑이 발달하게 되었다는 주장도 있습니다.

또한 화폐는 한 국가의 역사와 정통성을 상징하는 수단으로도 쓰였습니다. 현재 각 나라의 화폐에는 국가 건립 영웅이나 국가 발전에 기여한 위인, 국가 철학의 상징물, 위대한 발명품 등이 디자인되어 그 나라의 전통과 철학을 투영하는 역할을 하고 있습니다.

화폐에는 또한 과학기술이 집적되어 있다 해도 과언이 아닐 만큼 작은 크기 안에 다양한 위조방지 장치가 적용되어 있습니다. 홀로그램, 색변환 잉크, 요판잠상, 숨은 은선, 앞뒤 판맞춤, 미세문자, 숨은 그림, 돌출 은화, 숨은 막대, 볼록 인쇄, 형광색사, 엔드리스 무늬, 무지개색 인쇄 등 매우 다양한 기술이 적용되어 있답니다.

[20달러 지폐 속 숨어있는 위조방지문양 / © wikipedia.org]

 그렇게 우리 일상에 늘 함께하던 화폐는 이제 점점 눈에 보
이지 않기 시작했습니다. 저는 지갑을 들고 다니지 않은 지
꽤 오래되었는데 이제는 모두 카드와 스마트 폰으로 해결할
수 있기 때문이지요. 기존 은행의 앱 외에도 삼성페이, 토스
같은 핀테크 기술이 발전하고, 카카오뱅크 같은 인터넷 은행
도 등장하게 되면서 스마트 폰을 통해 즉시 송금, 결제할 수
있게 되면서 현금을 굳이 들고 다닐 필요가 없게 되었습니다.
 돈이 디지털의 세계로 들어오기 시작하면서 기존의 화폐와는
다른 차원의 것들도 생겨나기 시작했는데요, 바로 블록체인

기술을 사용한 비트코인(bitcoin)으로 대표되는 암호 화폐(cryptocurrency)가 바로 그것입니다. 비트코인은 2008년 10월 사토시 나카모토라는 가명을 쓰는 프로그래머가 개발하여 논문(Bitcoin P2P e-cash paper)을 발표한 것으로 시작됩니다. 2009년 1월 프로그램 소스를 배포했는데 중앙은행이 없이 전 세계적으로 P2P 방식으로 개인들 간에 자유롭게 송금 등의 금융거래를 할 수 있게 설계되어 있습니다. 거래장부는 블록체인 기술을 바탕으로 전 세계적인 범위에서 여러 사용자들의 서버에 분산하여 저장하기 때문에 현존하는 기술로는 해킹이 사실상 불가능하다고 평가받고 있죠.

[비트코인 거래량 및 가치 / © bitcoin.org]

2017년 후반기부터 갑자기 시작된 비트코인 열풍은 삽시간에 전 세계에 퍼지기 시작했지요. 암호 화폐 거래소에서 간단한 가입 절차만 거치면 누구나 쉽게 암호 화폐를 거래할 수 있었고, 하루가 지나면 2배가 올라있고, 또 며칠 뒤 2배가 되어있고 하는 믿지 못할 급등 소식에, 특히나 특정 이슈에 누구보다 빨리 뜨거워지는 대한민국에선 그야말로 암호 화폐 거래를 안 하면 바보라는 소리까지 나오기도 했었습니다. 그러나 이는 곧 투기 현상으로 지목되면서 우리나라에서는 ICO[3] (Initial Coin Offering)이 금지되는 등 국제적으로 암호 화폐 규제 움직임이 일어나며 이후 상당 기간 폭락을 거듭하기도 했죠. 무분별한 암호 화폐 투자로 인해 한동안 사회적 문제로 다뤄지기 까지 했습니다. 2017년 말, 1비트코인 당 2만 달러까지 치솟았던 가치는 2020년 현재, 6,600만 달러 내외의 시세를 기록하고 있습니다.

우여곡절이 있었지만 블록체인 기술은 데이터를 분산 처리하는 '탈중앙화'를 핵심으로 하는 기술로, 비트코인 외에도 다양한 산업과 연계되어 무궁무진한 확장성을 기대할 수 있는 4차 산업혁명 시대의 또 하나의 혁신적인 기술로 평가받고 있습니다. 블록체인의 기술적 요인과 전망에 대해서는 4장에서 다시

---

3) 회사가 자신의 암호화폐를 펀딩의 목적으로 공개하며 자금을 조달하는 행위. 외부투자자에게 주식을 공개하고, 이를 매도하는 IPO와 유사

다뤄보도록 하겠습니다.

 이번 챕터에서는 어느새 시나브로 사라져가고, 변해가는 화
폐의 양상을 통해 어제와 다른 오늘 그리고 또 달라질 내일의
빠른 변화상을 살펴봤습니다.

#33. 스마트×농업

우리나라는 6.25 전쟁 이후 1960년대까지 보릿고개라는 말
이 있을 정도로 식량사정이 나빴습니다. 지금도 세계적으로는
식량사정이 좋지 못한 나라들이 많은데. 61년 한국의 GDP는
세계 64위에 불과했다고 합니다. 전쟁 후 베이비붐이 일며
인구는 매년 3%씩 늘어나는데 쌀 생산량은 답보를 거듭하자
심각한 식량난과 식량자급 문제를 해결하고자 정부 주도로
만들어진 것이 '통일벼'였습니다. 그렇게 노력한 끝에 1976년
기다리고 기다리던 쌀 자급에 성공했습니다. 이후로도 풍년은
계속돼 1977년엔 '녹색혁명 성취'를 선언하며 쌀 생산량이 4
천만 석을 돌파해 명실상부한 세계 최고 다수확국가의 반열

에 올라서게 되었지요. 이후로 우리나라에서는 잦은 부침이 있기도 했지만 그럭저럭 농촌과 정부는 미묘하게 아슬아슬한 균형을 맞추며 농업 정책을 실현해 오고 있습니다.

그러나 농촌의 위기는 사실 심각한 수준입니다. 쌀 소비 부진은 여전히 계속 떨어지고 있고, 설상가상으로 외국산 농산물은 우리의 식탁을 무차별적으로 점유하고 있죠. 기후변화 등으로 가뭄과 폭우가 수시로 덮치면서 농가의 시름은 더욱 깊어지고 있습니다. 뚜렷한 대책도 없이 연례행사로 터지는 구제역과 AI가 축산 농가들의 밤잠을 설치게 하죠. 가장 심각한 요인인 농촌의 고령화와 농촌 인구의 급감은 어제오늘의 일이 아닙니다. 농업인의 소득도 도시근로자의 50% 정도에 머무르고 있는 실정이죠. 이러한 위기를 극복하기 위해 다양한 방법이 검토되고 있는데 과학 기술을 접목한 미래 농업 비전이 한 가지 해법으로 떠오르고 있습니다.

똑똑한 농장 시스템, 바로 스마트 팜입니다. 스마트 팜이란 말 그대로 첨단기술을 적용해 농업 생산성을 높일 수 있는 자동화 농장을 의미합니다. 여기에는 4차 산업혁명의 대표적 기술인 IoT, 드론, 빅데이터, 로봇, 인공지능, 나노기술, 3D 프린팅 등이 총망라되지요. 스마트 팜의 가장 큰 장점은 일반 농장에 비해 수확량은 많고 노동력 및 운영비는 적게 든다는 점입니다. 현재 72억 명 정도인 세계 인구는 꾸준히 증가해

2050년에 약 100억 명에 이를 것으로 전망되는데 유엔식량
농업기구에 따르면 이로 인해 2050년에는 현재보다 70% 이
상의 식량을 더 생산해야 한다고 합니다. 이에 에릭 슈미트
전 구글 회장은 농업과 기술을 결합한 '어그테크(Agtech)'를 해
법으로 제시하며 미래 유망산업으로 전망하기도 했습니다.

 저는 부여에 위치한 '우듬지 팜'이라는 스마트 팜에 방문할
기회가 있었는데요. 3층 건물 높이의 스마트 팜에서 싱싱한
파프리카와 방울 토마토가 재배되고 있었습니다. 마이크로센
싱(microsensing) 기술을 도입해 작물에 칩을 심어 생육·환경정
보를 수집하고 빅데이터를 구축하고, 이를 통해 양액의 투여
와 농도, 온·습도가 자동으로 조절되면서 노동력 절감, 작물
생산량 증대라는 일거양득의 수확을 얻는 등 우수한 성과를
거둬 많은 농촌의 귀감이 되고 있는 곳이었습니다. 그때가 연
일 40도를 웃도는 기록적인 폭염이 있었던 2018년도의 여름
이었는데요, 가장 기억에 남았던 장면이 시원한 에어컨 시설
이 갖춰진 사무실에서 우연히 보게 된 스마트팜 매니지먼트
대시보드였습니다. 이런 더운 날씨에 이제 쾌적하고 시원한
사무실에서 자동으로 제어되는 대시보드의 수치만 간간이 체
크해주면 된다는 생각에 절로 감탄사가 나왔던 기억이 있네요.(웃음)
이처럼 식량 수요는 증가하지만 농업 노동자 비율이 감소하
는 추세에서 스마트 팜은 가장 효율적인 방법으로 부상하고

있습니다.

[우듬지팜 복합 환경제어시스템 / 우듬지팜에서]

또 다른 형태의 스마트 팜으로 '수직농장(Vertical Farm)'이 있습니다. 인공 구조물 안에서 농작물을 키우는 고도로 자동화된 아파트형 '식물공장'인 셈이죠. 수직농장에서는 식물이 자라는 자연환경이 완벽에 가깝게 인공시설로 대체됩니다. IoT, 인공지능(AI) 기술을 통해 빛과 습도, 온도 등 작물의 재배 환경과 발육 상태를 자동으로 제어하고, 햇빛 대신 식물재배 전용 발광다이오드(LED)를 설치해 인공 빛을 쬐입니다. 사용 목적과 대상에 따라 광원을 조절하면 엽채, 과채, 화훼류 등 다양한 작물을 친환경적으로 기를 수도 있죠. 농약을 쓰지 않는 안전한 먹거리이기도 합니다. 땅을 적게 차지하는 만큼 도심이나 근교의 접근성 좋은 곳에 지어 물류비를 절약할 수 있고, 일반 농장에 비해 물을 훨씬 덜 사용하는 것도 큰 장점으로 부각되어 최근 가장 주목받는 스마트 팜 모델이 되고 있답니다. 우리가 녹색혁명을 성취한 후 40여년이 지난 지금, 과학기술의 급격한 발전으로 농업의 분야에서도 이제 새로운 혁명이 진행되고 있는 것이죠.

지금까지 자동차, 신문과 스마트폰, 컴퓨터와 인터넷, TV, 화폐, 농업까지 몇몇의 분야를 택해 주로 1960년대 이후 산업 격동기 시기와 정보화 혁명 시기를 거쳐 오늘 날에 이르기까지 제 추억을 곁들여가며(웃음) 변천사를 살펴봤습니다. 이 시간에 우리가 한 가지 느꼈으면 좋겠다고 생각한 건 '속도감'이었습니다. 일상은 매일 살고 있는 연속이기 때문에 그 변화의 정도를 미처 지각하기 쉽지 않습니다. 그러나 5년, 10년 단위로 살아온 족적과 시대상을 뒤돌아보면 '격세지감'이라고 밖에 표현할 길이 없겠네요. 우린 그 급격한 변화 추이를 인류발전 그래프나 특이점 그래프 등으로 거대사 관점에서의 혁명적인 변화의 추이를 확인할 수 있었습니다. 인류는 그 어느 때보다 빠른 속도의 진보를 경험하고 있고, 더 중요한 것은 그 가속도는 점점 더 빨라질 것입니다. 지금 태어나는 아

이들에게는 인터넷과 스마트폰, 인공지능, VR·AR, 자율주행
차동차, 드론, 블록체인 같은 기술이나 제품이 이미 '존재'하
고 있던 환경이고 과거의 좋은 레퍼런스로 활용하겠죠. 그들
은 이를 바탕으로 또 어떤 상상할 수 없는 혁명을 가져오게
될까요? 이러한 시대적 사명을 갖고 아이들을 더 열심히 가르
쳐야 하겠습니다.(웃음)

Industrial Revolution of Almost Everything

Chapter 4. 특이점을 향해

Industrial Revolution of Almost Everything

#34. 나왔다, 인공지능

자. 이제 제 수업의 진정한 주인공이자 4차 산업혁명이라는 메가 트렌드에 있어 가장 핵심이 되는 '인공지능'에 대해 다뤄보겠습니다. 개개인마다 이루고 싶은 소망이 있을텐데요. 아마 공통적으로 오래 사는 것, 부자 되는 것 외에도 누군가 나 대신 일을 해주는 것도 한번쯤 상상해 보셨을 거예요. 이제 그 실현의 문을 막 연 참이예요. 앞으로 인류사가 어떻게 급변할지는 바로 이 기술에 달려있다 해도 과언이 아닐 겁니다.

사실 인공지능은 근 70년이나 된 학문으로 앨런 튜링(Alan Turing)의 튜링 테스트4)(Turing test)부터 퍼셉트론(Perceptron : 뇌 신경을 모사한 인공 신경 뉴런) 등 다양한 개념 정립과 연구가 이

---

4) 기계가 인간과 얼마나 비슷하게 대화할 수 있는지를 기준으로 기계에 지능이 있는지를 판별하고자 하는 테스트

루어져 왔지만 '인공지능 겨울'이라 불리는 두 번의 침체기를 거치며 뚜렷한 성과를 내지 못했지요. 이론적 연구는 활발했으나 대용량의 데이터 수집과 연산 처리능력에 기술적 한계가 있었기 때문이에요.

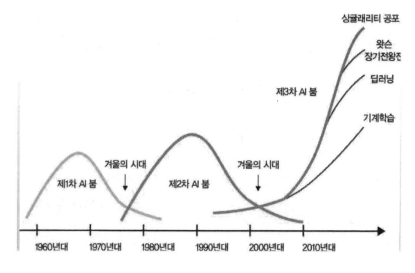

[인공지능의 두 번의 겨울]

그러나 지금은 빅데이터로 명명되는 데이터 수집·분석 도구와 컴퓨팅 파워, 버전을 계속 갱신해 가는 네트워크 기술 등의 발전으로 인공지능의 성능은 상상할 수 없을 만큼 발전하게 되었습니다. 쉽게 말해 여러분의 PC가 줄기차게 중앙처리장치(CPU)를 비롯해 메모리(RAM), 그래픽 처리장치(GPU), 저장장치(DISK) 등이 업그레이드되고, 또 네트워크 속도가 증대되며 처리할 수 있는 영역이 매우 다양하고 또 빨라져 이전에 구동이 불가능했던 고사양의 온라인 게임을 무리 없이 실행할 수 있게 된 것과 같은 이치로 보면 되겠습니다.

어쨌든 20년 내에 사람을 대체할 것이라던 당시 과학자들의 낙관론은 보기 좋게 무너집니다. 위에 언급했던 컴퓨팅 파워 문제를 제쳐놓더라도 이론을 제작하고 기하학적 문제를 해결하는 것은 컴퓨터에게 비교적 쉽지만, 얼굴을 인식하거나 장애물을 피해 방을 가로지르는 것은 엄청나게 어려운 일이라는 '모라벡의 패러독스(Moravec's Paradox)[5]'에 봉착하기도 하지요. 또 AI 구동을 위한 하드웨어가 지나치게 비싸 경제성이 떨어진 연유도 있었습니다. 이렇게 점차 연구 자금줄이 막히고, 기술적 실망이 함께하며 1970~80년대까지 두 번의 암흑기를 거치고 맙니다.

그도 그럴것이 50년 넘는 연구에도 불구하고 세계 최고의 수퍼 컴퓨터조차 강아지와 고양이 하나 제대로 구별할 수 없었으니 말이지요. 지구에는 제타바이트(Zettabyte, $1ZB = 10^{21}$ bytes) 수준의 데이터가 존재합니다. 하지만 그중 컴퓨터로 분석 가능한 것은 10%도 되지 않는, 이미 수식이나 숫자로 표

---

5) 인공지능분야에서 다뤄지는 유명한 논증 중 하나. 사람에게 쉬운 것은 로봇, 인공지능에게 어렵고, 사람에게 어려운 것은 로봇, 인공지능에게 쉬운 아이러니를 표현하는 말

현 가능한 정량적 데이터뿐이죠. 나머지 90%는 기계가 분석할 수 없는, 그러나 기하급수적으로 증가하는 비정량적 데이터라고 할 수 있습니다.

'어린아이가 강아지와 산책하는 장면'은 세 살짜리 아이도 알아보지만 기계에게는 어렵습니다. 수백 종의 개가 존재하는 것뿐 아니라 뛰어다니고 걸어다니며 꼬리를 1도, 2도, 3도로 흔드는 모습이 모두 다르기 때문이에요. 무한에 가까운 다양성을 보편적으로 설명하면 다른 동물들과 혼돈되고, 너무 구체적으로 설명하면 대부분의 개가 포함되지 않는 문제가 있습니다.

그렇다면 인간은 이러한 비 정량적 정보를 어떻게 인식할까요? 인간은 구체적인 설명이 아닌 경험과 학습을 통해 직관으로 인식합니다. 기계에도 역시 비슷한 학습 능력을 주자는 개념이 등장하게 되니 바로 '기계학습(Machine Learning)'이었습니다. 기계학습의 대표적 기술은 학습을 통해 데이터에 포함돼 있는 확률 규칙을 자율적으로 알아내는 '인공신경망(Artificial Neural Network, ANN)'입니다. 특히 인공신경망은 다층 구조를 가지고 있어 여러 추상적 단계의 규칙을 동시에 학습할 수 있지요.

그렇다면 인공신경망 층수가 높을수록 더 고차원적인 규칙을 찾아낼 수 있겠지요? 하지만 '깊은' 인공신경망 학습은 수학적으로 쉽지 않아요. 2010년도에 들어와서야 드디어 수십 층 구조의 인공신경망 학습에 성공했으니 꽤 오랜 시간 미완의 과제로 남아있었던 셈이지요.

기존 인공신경망과 구별하기 위해 깊은 층수 구조를 가진 인공신경망은 '딥 러닝(Deep Learning)'이라고 부릅니다. 딥 러닝이 현실화되며 기계학습은 폭발적인 발전을 하게 되는데 2014~2015년에 이르러 기계가 사람보다 더 정확히 얼굴과 물체를 인식하기 시작했고, 2015년 2월 딥마인드 사(DeepMind Technologies Limited)는 세계 최고의 과학지 '네이처'를 통해 인간과 비슷한 수준으로 비디오 게임을 하는 기술을 소개하기도 했습니다.

수많은 고양이 사진을 통해 '고양이'라는 보편성을 학습하는 기존 딥 러닝과는 달리 딥마인드의 '깊은 강화학습'은 전문가의 판단을 학습 데이터로 사용해 기계가 스스로 전문가가 돼가는 방법입니다. 그리고 불과 1년 후 딥마인드는 또 한 편의 '네이처' 논문을 통해 프로기사 수준으로 바둑을 둘 수 있는 '알파고'를 발표하기에 이르죠. 자, 전 세계에 인공지능 쇼크를 준 알파고 사건을 해설하기에 앞서 인공지능의 기초적 개념인 기계학습에 대해 조금 더 알아보고 가도록 하죠.

#35. 머신러닝, 딥 러닝?

인공지능 기술은 기계 학습(Machine Learning)을 통해 이뤄진 다고 했어요. 그럼 또 요즘에 인기 있는 딥 러닝(Deep Learning)은 또 뭘까요? 쉬운 이해로 아래 그림을 보세요. 인 공 지능이 가장 큰 개념이고, 그 다음이 머신 러닝이며, 현 재의 인공지능 붐을 주도하는 딥 러닝이 가장 작은 부분이라 할 수 있죠. 1956년 당시 인공 지능의 선구자들이 꿈꾼 것 은 최종적으로 인간의 지능과 유사한 특성을 가진 복잡한 컴 퓨터를 제작하는 것이었죠. 이렇듯 인간의 감각, 사고력을 지 닌 채 인간처럼 생각하는 인공 지능을 '일반 AI(General AI)'라 고 하지만, 그것은 궁극의 목표이며 현재의 기술 발전 수준에서 만들 수 있는 인공지능은 '좁은 AI(Narrow AI)'의 개념에 포함됩니다. 좁은 AI는 소셜 미디어의 이미지 분류 서비스나 얼굴 인식 기능 등과 같이 특정 작업을 인간 이상의 능력으로 해낼 수 있는 것이 특징이죠.

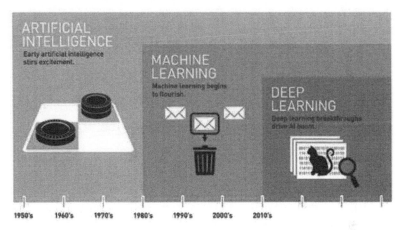

Since an early flush of optimism in the 1950s, smaller subsets of artificial intelligence – first machine learning, then deep learning, a subset of machine learning – have created ever larger disruptions.

한편, 머신 러닝은 기본적으로 알고리즘을 이용해 데이터를 분석하고, 분석을 통해 학습하며, '학습한 내용을 기반'으로 판단이나 예측을 합니다. 따라서 궁극적으로는 의사 결정 기준에 대한 구체적인 지침을 소프트웨어에 직접 코딩해 넣는 것이 아닌, 대량의 데이터와 알고리즘을 통해 컴퓨터 그 자체를 '학습'시켜 작업 수행 방법을 익히는 것을 목표로 한답니다. 머신 러닝은 초기 인공 지능 연구자들이 직접 제창한 개념에서 나온 것이며, 알고리즘 방식에는 의사 결정 트리 학습, 귀납 논리 프로그래밍, 클러스터링, 강화 학습, 베이지안(Bayesian) 네트워크 등이 포함됩니다. 그러나 이 중 어느 것도 최종 목표라 할 수 있는 일반 AI를 달성하진 못했으며, 초기의 머신 러닝 접근 방식으로는 좁은 AI조차 완성하기 어려운 경우도 많았던 것이 사실이죠. 현재 머신 러닝은 컴퓨터 비전(Computer Vision : 기계의 시각에 해당하는 부분을 연구하는 컴퓨터 과학의 최신 연구 분야 중 하나) 등의 분야에서 큰 성과를 이뤄내고 있으나, 구체적인 지침이 아니더라도 인공 지능을 구현하는 과정 전반에 일정량의 코딩 작업이 수반된다는 한계점에 봉착하기도 했는데요. 가령 머신 러닝 시스템을 기반으로 정지 표지판의 이미지를 인식할 경우, 개발자는 물체의 시작과 끝 부분을 프로그램으로 식별하는 경계 감지 필터, 물체의 면을 확인하는 형상 감지, 'S-T-O-P'와 같은 문자를 인식하는 분류기 등을 직접 코딩으로 제작해야 합니다. 이처럼 머신 러닝은 '코딩'된 분류기로부터 이미지를 인식하고, 알고리즘을 통해 정지 표지판을 '학습'하는 방식으로 작동된답니다.

머신 러닝의 이미지 인식률은 상용화하기에 충분한 성능을 구현하지만, 안개가 끼거나 나무에 가려서 표지판이 잘 보이지 않는 특정 상황에서는 이미지 인식률이 떨어지기도 한답니다. 최근까지 컴퓨터 비전과 이미지 인식이 인간의 수준으로 올라오지 못한 이유는 이 같은 인식률 문제와 잦은 오류 때문이죠. 초기 머신 러닝 연구자들이 만들어 낸 또 다른 알고리즘인 인공 신경망(Artificial Neural Network)에 영감을 준 것은 인간의 뇌가 지닌 생물학적 특성, 특히 뉴런의 연결 구조였습니다. 그러나 물리적으로 근접한 어떤 뉴런이든 상호 연결이 가능한 뇌와는 달리, 인공 신경망은 레이어 연결 및 데이터 전파 방향이 일정합니다.

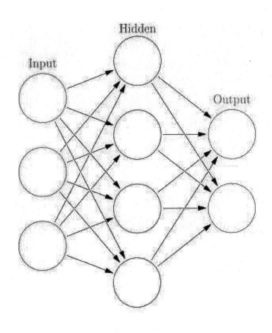

Input

Hidden

Output

인공 신경망은 노드들의 그룹으로 연결되어 있으며 이들은 뇌의 방대한 뉴런의 네트워크과 유사하다. 위 그림에서 각 원모양의 노드는 인공 뉴런을 나타내고 화살표는 하나의 뉴런의 출력에서 다른 하나의 뉴런으로의 입력을 나타낸다.

예를 들어, 이미지를 수많은 타일로 잘라 신경망의 첫 번째 레이어에 입력하면, 그 뉴런들은 데이터를 다음 레이어로 전달하는 과정을 마지막 레이어에서 최종 출력이 생성될 때까지 반복합니다. 그리고 각 뉴런에는 수행하는 작업을 기준으로 입력의 정확도를 나타내는 가중치가 할당되며, 그 후 가중치를 모두 합산해 최종 출력이 결정됩니다. 정지 표지판의 경우, 팔각형 모양, 붉은 색상, 표시 문자, 크기, 움직임 여부 등 그 이미지의 특성이 잘게 잘려 뉴런에서 '검사'되며, 신경망의 임무는 이것이 정지 표지판인지 여부를 식별하는 것입니다. 여기서는 충분한 데이터를 바탕으로 가중치에 따라 결과를 예측하는 '확률 벡터(Probability Vector)'가 활용되죠.

딥 러닝은 인공신경망에서 발전한 형태의 인공 지능으로, 뇌의 뉴런과 유사한 정보 입출력 계층을 활용해 데이터를 학습합니다. 그러나 기본적인 신경망조차 굉장한 양의 연산을 필요로 하는 탓에 딥 러닝의 상용화는 초기부터 난관에 부딪혔죠. 그럼에도 토론토대의 제프리 힌튼(Geoffrey Hinton) 교수 연구팀과 같은 일부 기관에서는 연구를 지속했고, 슈퍼컴퓨터를 기반으로 딥 러닝 개념을 증명하는 알고리즘을 병렬화하는데 성공했습니다. 그리고 병렬 연산(parallel computing : 동시에 많은 계산을 하는 연산 방법)에 최적화된 GPU의 등장은 신경망의 연산 속도를 획기적으로 가속하며 진정한 딥 러닝 기반 인공 지능의 등장을 불러왔죠.

신경망 네트워크는 '학습' 과정에서 수많은 오답을 낼 가능성이 큽니다. 정지 표지판의 예로 돌아가서, 기상 상태, 밤낮의 변화에 관계없이 항상 정답을 낼 수 있을 정도로 정밀하게 뉴런 입력의 가중치를 조정하려면 수백, 수천, 어쩌면 수백만 개의 이미지를 학습해야 할지도 모르죠. 이 정도 수준

의 정확도에 이르러서야 신경망이 정지 표지판을 제대로 학
습했다고 볼 수 있습니다

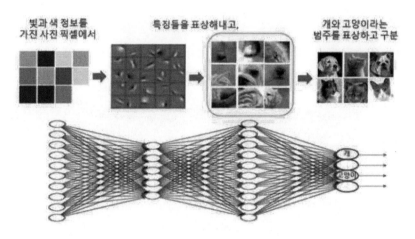

[© neuralnetworksanddeeplearning.com]

2012년, 구글과 스탠퍼드대 앤드류 응(Andrew NG) 교수는 1
만 6,000개의 컴퓨터로 약 10억 개 이상의 신경망으로 이뤄
진 '심층신경망(Deep Neural Network)'을 구현했습니다. 이를 통
해 유튜브에서 이미지 1,000만 개를 뽑아 분석한 뒤, 컴퓨터
가 사람과 고양이 사진을 분류하도록 하는데 성공했습니다.
컴퓨터가 영상에 나온 고양이의 형태와 생김새를 인식하고
판단하는 과정을 스스로 학습하게 한 것이죠.
 딥 러닝으로 훈련된 시스템의 이미지 인식 능력은 이미 인

간을 앞서고 있습니다. 이 밖에도 딥 러닝의 영역에는 혈액의 암세포, MRI 스캔에서의 종양 식별 능력 등이 포함됩니다. 구글의 알파고는 바둑의 기초를 배우고, 자신과 같은 AI를 상대로 반복적으로 대국을 벌이는 과정에서 그 신경망을 더욱 강화해 나갔습니다.

딥 러닝의 등장으로 인해 머신 러닝의 실용성은 강화됐고, 인공 지능의 영역은 확장됐죠. 딥 러닝은 컴퓨터 시스템을 통해 지원 가능한 모든 방식으로 작업을 세분화합니다. 운전자 없는 자동차, 더 나은 예방 의학, 더 정확한 영화 추천 등 딥 러닝 기반의 기술들은 우리 일상에서 이미 사용되고 있거나, 실용화를 앞두고 있습니다. MIT가 2013년을 빛낼 10대 혁신기술 중 하나로 선정하고 가트너(Gartner, Inc.)가 2014 세계 IT 시장 10대 주요 예측에 포함시키면서 최근까지 딥 러닝에 대한 관심은 계속 높아지고 있지요. 딥 러닝은 공상 과학에서 등장했던 일반 AI를 실현할 수 있는 잠재력을 지닌 인공 지능의 현재이자, 미래로 평가 받고 있답니다.

#36. 직접 해봅시다, 머신러닝

자 그럼 이번엔 여러분이 직접 머신 러닝을 손쉽게 실습해 볼 수 있는 좋은 툴을 소개해볼까 해요. 바로 구글이 오픈한 '티처블 머신(Teachable Machine)'인데요. 티처블 머신은 공부하기도 어렵고 가르치기도 까다로운 머신러닝을 PC를 사용할 수 있는 사람이라면 누구라도 쉽게 배우고 활용할 수 있도록 해주는 학습 도구입니다. 특히 단순한 학습 도구에 머물지 않고 프로젝트 과정에서 생성한 학습 모델을 다양한 방법과 용도로 활용하는 것도 가능하지요. 저는 9살 딸과 종종 티처블 머신을 이용해 놀이 시간을 보내는데요. 직관적이고 쉬운 인터페이스가 아이들에게도 금방 익숙해져 재미를 붙일 수 있으니 가족과 꼭 같이 해보시기를 추천 드립니다.

[© 티처블 머신(teachablemachine.withgoogle.com)]

티처블 머신은 이미지뿐만 아니라, 소리와 자세(poses) 인식과 학습 기능을 갖추고 있는데 인공지능이나 머신 러닝에 대한 사전 지식과 코딩 능력이 없어도, 누구나 티처블 머신을 활용할 수 있어요. 티처블 머신은 웹 기반으로 동작하기 때문에, 별도로 프로그램을 설치할 필요 없이 웹 페이지에서 바로 실행됩니다. 웹 페이지에 접속한 후 이미지, 오디오, 자세 세 가지 프로젝트에서 원하는 메뉴를 선택하고 실습해 볼 수 있습니다.

프로젝트는 샘플 수집, 학습(Training), 프리뷰(Preview) 과정으로 이뤄져 있습니다. 예를 들어 이미지 프로젝트를 선택했다면 클래스로 항목에서 먼저 샘플 이미지를 추가해야 합니다. 샘플 이미지는 PC나 노트북에 연결된 웹캠으로 촬영하거나 이미 가지고 있는 사진을 업로드 하는 방식입니다. 이미지 파일은 직접 폴더를 열어 선택하거나, 드래그 앤드 드롭으로 가져올 수도 있고, 구글 드라이브에 저장된 사진을 추가할 수 있지요. 저 같은 경우에는 클래스1에는 제 얼굴을 웹캠으로 여러 각도에서 100여장 찍어 학습시켰고, 클래스2에는 딸의 얼굴을 역시 100여장 찍어서 그 둘을 비교하며 컴퓨터가 얼마나 정확하게 맞추는지 실험해 봤습니다. 거의 정확도 100%에 이르는 놀라운 결과를 보여줬죠.

새로운 클래스는 '클래스 추가(Adds class)' 버튼을 마우스로 클릭하면 추가할 수 있습니다. 하나의 클래스에는 여러 장의 이미지를 등록할 수 있고, 최소한 2개 이상의 클래스에 이미지를 업로드 해야 합니다. 클래스는 일종의 카테고리 또는 이름으로 이해하면 되는데 클래스 이름은 연필 모양의 아이콘을 선택한 후 '장미', '국화', '제인', '스티브'처럼 이름을 입력하고 변경하면 됩니다. 학습 버튼을 누르면 이렇게 수집 또는 전송한 샘플 이미지를 학습합니다. 이렇게 만들어진 학습 모델은 프리뷰 기능을 이용해, 바로 다른 이미지와 비교하거나 익스포트 모델(Export Model) 메뉴를 이용해, 텐서플로 (Tensorflow.js/Tensorflow/Tensorflow Lite)로 내보내거나 다운로드받을 수 있지요.

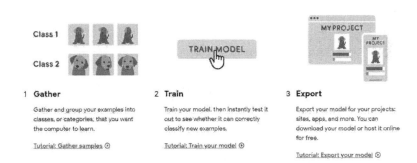

[ⓒ 티처블 머신(teachablemachine.withgoogle.com)]

예를 들어 프리뷰 모드로 활용한다면 웹캠으로 촬영한 이미지나 파일로 업로드란 사진을 분석한 후, 앞에서 학습한 모델과 가장 유사한 클래스로 분류해서 보여주기도 합니다.

자세 프로젝트도 이미지 프로젝트 생성과 동일한 과정을 거칩니다. 오디오 프로젝트의 경우는 먼저 배경 잡음(Background Noise) 샘플을 등록하고, 샘플로 사용한 오디오를 마이크를 통해 직접 녹음하거나 녹음 파일을 업로드 하면 됩니다. 자세와 오디오 프로젝트 역시 샘플 데이터를 업로드한 후에는 학습 과정을 거치고, 학습 모델이 완성되면 이를 프리뷰 모드로 활용하거나 파일로 내보낼 수 있게 되죠.

이렇게 생성한 머신러닝 모델을 구동할 때는 오픈소스 라이브러리인 텐서플로(Tensorflow.js)를 이용하며, 파일 내보내기 기능을 활용해 웹 사이트나 앱에서 사용할 수 있습니다. 프로젝트를 구글 드라이브에 저장해 두고 학습이나 활용하는 것도 가능합니다. 또한 샘플 수집, 학습, 파일 내보기에 대한 동영상 가이드와 FAQ 등을 웹 페이지 메뉴에서 제공하니 구글의 공유정신은 참 놀랍습니다. 구글 크리에이티브 랩(Google Creative Lab)의 엔지니어인 카일 필립스는 구글 공식 블로그를 통해 밝히기도 했답니다.

"우리는 티처블 머신을 유용한 도구로 만드는 방법을 찾기 위해 모든 종류의 교육자, 예술가, 학생 등과 협력했다. 하지만 티처블 머신은 단지 가르치는 용도로 사용하는 것은 아니다. 접근성 기술 전문가인 스티브 살링은 언어 장애가 있는 사람들의 의사소통을 향상시키는데 티처블 머신을 사용했다. 티처블 머신은 모든 사람이 빠르고 쉽게 머신 러닝에 액세스 할 수 있는 웹 기반 도구다"

티처블 머신은 머신러닝 학습 도구지만, 유튜브를 통해 실생활에서 사용하는 동영상도 공개했는데요. 공개된 동영상에서는 종이컵과 플라스틱 페트병의 구별, 반려동물을 포함한 가족들의 얼굴 인식, 다양한 품종의 장미 이미지에 대한 학습, 장애인을 위한 의사소통 도구 등으로 활용할 수 있다고 밝히고 있습니다.

프로젝트로 만들어진 모델을 물리적인 컴퓨팅 도구와 연동하면, 색상에 따라 사탕을 분류하거나, 집에서 기르는 반려동물을 인식해 자동으로 문을 열어주는 용도로 활용하는 것도 가능하지요. 저도 비슷한 아이디어가 있는데 티처블 머신과 아두이노를 잘 융합하면 안면 인식 기술을 활용해 집 현관의 개폐장치를 직접 개선해 볼 수도 있겠다는 생각입니다. 물론 그 시도 자체가 게으름을 이기고 가능하게 될 것인가가 가장 큰 난제이긴 합니다만.(웃음)

또 다른 재미있는 실험 도구도 있습니다. 퀵, 드로우!(Quick, Draw!)'라는 구글이 개발한 온라인 그림 맞추기 게임의 하나인데요. 플레이어가 제시된 단어를 보고 20초 안에 사물이나 개념에 대한 그림을 그리면 인공신경망 인공지능을 사용하여 해당 낙서가 표현한 바를 추측하게 됩니다. AI는 각 낙서에서 학습을 통해 더 정확히 맞추는 능력을 키워 나가게 되는 머신러닝을 추구합니다. 이 게임은 'A.I. Experiments'라는 이름의 프로젝트의 일환으로서 AI 기반으로 구글이 만든 수

많은 단순한 프로젝트들 가운데 하나입니다. 저도 제 아이와
가끔 이 게임을 하는데 늘 지기 마련입니다. 어른의 굳어버
린 편견에 비춰 아이의 순수한 직관과 창의성이 더 뛰어나다
는 반증일까요?(웃음)

[퀵, 드로우! 평가결과 화면 / © quickdraw.withgoogle.com]

#37. 인공지능 VS 인간

이렇게 발전하게 된 인공지능은 때마다 오픈 테스트를 거쳐 왔는데 바로 특정 분야에서 인간을 이길 수 있는지에 관한 것이었습니다. 첫 도전장은 죠나단 쉐퍼가 개발한 인공지능 프로그램 '치누크(Chinook)'였습니다. 치누크는 1990년 미국 체커협회가 주최하는 체커(Checker : 체스판 검은색 칸에 말을 놓고 움직여 상대의 말을 획득하는 서양 실내놀이) 대회 선수로 참가했는데 당시 체커 세계챔피언 마리온 틴슬리는 사람들끼리 겨루는 대회에 컴퓨터 프로그램이 끼어드는 것에 대한 항의로 대회를 거부하기도 했다는군요. 우여곡절 끝에 마침내 치누크

와 틴슬리는 운명의 한판 대결을 치루는데 결과는 4:2로 틴
슬리가 치누크를 가볍게 눌렀죠. 이때까지는 인간의 위대함
을 인공지능 따위가 범접할 수준은 아니었습니다.

 그러나 반전은 지금부터 시작됩니다. 1994년 대회에서 치
누크는 인간과 기계를 통합한 세계 챔피언을 차지하게 됩니
다. 이후 그 진가는 1997년 5월에는 미국 IBM사에 수퍼 컴
퓨터인 '딥블루(Deep Blue)'와 체스 챔피언 그랜드마스터 가리
카스파로프가 마주앉으면서 발휘됩니다. 사실 1996년 이미
한 차례 대결이 벌어지기는 했습니다. 이때는 4-2로 카스파
로프가 승리한 적이 있었습니다. 이후에 딥 블루에 엄청난
성능향상 작업이 있었고 결국 재대결에서 3.5-2.5로 인간에
게 승리를 따냅니다. 딥 블루의 승리는 어느 정도 예측된 일
이었습니다. 딥 블루는 연산속도가 11.38기가플롭스(FLOPS,
Floating point Operations Per Second)였으며 30개의 120MHz
CPU와 480개의 VLSI칩이 내장되어 있었죠. 초당 2억 번
이나 체스 말의 위치를 확인할 수 있는 것은 물론 최고 20
수 이상을 내다볼 수 있었고 그랜드 마스터들의 대국 900국
을 완전히 기억하고 있었죠. 반면 카스파로프는 초당 2가지
경우의 수를 생각할 수 있었을 뿐이었습니다. 게임에 진 이
후로 카스파로프는 그도 이해할 수 없는 기계의 창의성을 보
았다고 합니다. 또한 그는 경기를 하는 동안 기계가 학습했

다고 말하기도 했습니다. 그는 재경기를 원했지만, IBM은 그
것을 거부했다는 얘기가 전해지는데 아마 충분히 높아진 딥
블루의 몸값에 IBM 주식이 10년 만에 최고치를 경신하며
이미 마케팅 목표를 충분히 달성한 상황에서 굳이 모험을 했
을까하는 내재적 접근을 해봅니다.(웃음)

　인공지능과 인간의 다음 승부는 2011년 퀴즈 대결에서였
죠. 이번에는 IBM사의 슈퍼 컴퓨터 '왓슨(Watson)'이 등장합
니다. 미국의 인기 퀴즈쇼 제퍼디(Jeopardy)에 출현한 왓슨은
총 66개의 문제를 맞히며 2명의 퀴즈 챔피언들보다 3배 이
상 많은 총 100만 달러의 상금을 획득하였습니다. 왓슨에는
2억 페이지 분량의 내용(약 1백만 권의 책에 해당)이 입력되
어 있었고 2백만 페이지 분량의 내용을 왓슨의 '뇌'로 3초
안에 살펴볼 수 있었다고 하네요.

[ⓒ 제퍼디 쇼에 출연한 왓슨]

체스와 퀴즈를 차례로 정복한 인공지능. 하지만 유일하게 인간을 넘지 못하는 종목이 있었으니 바로 바둑이었습니다. 인공지능이 바둑으로 인간을 이기려면 새로운 능력이 필요했습니다. 체스판의 칸은 64개에 그치지만 바둑판의 칸은 총 361개로 첫수를 주고받는 경우의 수만 무려 12만 9,900가지입니다. 361개의 점을 모두 채워가는 경우의 수는 10^{170}가지로 우주 수소 원자의 수인 10^{80}의 수를 뛰어넘으며 모든 경우의 수를 계산하려면 슈퍼 컴퓨터로 수십억 년이 걸리죠. 여기다 형세판단도 필요하고 죽은 돌을 덜어낸 자리에 다시 둘 수 있는 규칙 또한 복잡합니다.

하지만 알파고의 등장으로 상황이 달라집니다. 구글에서는 계산능력만 활용하는 기존 기술과 달리 스스로 학습해 경험을 쌓고 응용할 수 있는 딥 러닝 기술을 적용했습니다. 이를 위해 바둑 기보 3,000만 건을 입력해 규칙을 가르친 뒤 하루 30,000번씩 대국을 진행하도록 했습니다. 이는 한 달이면 100만 번 대국하는 꼴로 인간이 연간 1,000번씩 천년동안을 대국하는 것과 같습니다. 결과는 성공적이었죠. 중국 프로기사 판후이 2단에 5:0 으로 꺾으며 완승을 거둡니다. 알파고는 판후이 2단과의 승부이후 400만 번의 대국을 진행하며 새로운 도전자를 찾게 됩니다.

바로 세계정상의 프로바둑기사 이세돌 9단이었죠. 바둑은 다른 게임과는 다릅니다. 판을 진행하는 과정에 있어 자기의 철학과 직감이 요구되는 특수한 게임입니다. 게다가 체스의 몇 천배 이상의 차이나는 수를 컴퓨터가 완벽하게 입력하기란 현실적으로 어렵죠. 사람도 다 알지 못하는 바둑의 세계 세기의 대결이라 했던 이세돌과 인공지능의 세기의 대결. 결국 4:1로 인공지능이 승리를 했죠. 후에 이세돌이 밝혔지만 "첫 승리했을 때의 대국에서 패배가 짙은 상황에서 모험에 가까운 수를 두었고, 이 수에 버그를 일으킨 알파고로 인해 겨우 이길 수 있었다"고 말이죠. 심지어 당시 알파고 스텝진조차 그 버그를 이해하고 고치기까지 꽤나 고생했다고 말했죠. 마치 레이 커즈와일이 말한 특이점이 도래하면 인공지능이 만든 결과물을 인간이 도저히 이해할 수 없는 지경에 이른것같은 생각이 들기도 했습니다. 아무튼 불가능이라 여겼던 인공지능의 바둑에서의 완벽한 승리로 인해 전 세계는 4차 산업혁명 시대의 도래를 본격적으로 체감하게 됩니다.

더 놀라운 것은 알파고의 이후 버전 업에서 드러난 진화 속도였습니다. 이세돌 9단과 대결한 '알파고 리(AlphaGo Lee)' 다음 버전이었던 '알파고 마스터(AlphaGo Master)'는 당시 세계 바둑랭킹 1위를 차지하고 있던 커제 9단과 대결에서 모두 승리하게 됩니다. 기존의 알파고 리가 학습한 내용을 토대로 추론했다면 알파고 마스터는 추론과 동시에 학습할 수 있고,

학습에 필요한 시간이 기존의 1/3로 단축되었다고 합니다. 또한 머신의 물리적인 부피가 줄어들면서 에너지 효율은 10 배가량 향상되었다고 하죠. 이 대국 이후부터 바둑계 안팎에선 인간의 수준을 넘어선 알파고의 바둑을 평가하는 것은 큰 의미가 없다는 것이 중론이 되었습니다.

바둑관련 대미를 장식하는 것은 알파고 마스터 후속 버전으로 나온 '알파고 제로(AlphaGo Zero)'였습니다. 지금까지의 인공지능이 외부에서 데이터와 인간 지식의 도움을 받아야 하는 이른바 '지도 학습'을 했다면 알파고 제로는 대국상대 없이 순수히 독학만으로 인간이 수천 년 동안 개발한 바둑 이론을 깨닫게 됩니다. 구글 딥마인드의 창업자인 데미스 허사비스(Demis Hassabis)는 이번 연구 결과를 설명하는 '백지 상태에서의 학습'이라는 글에서 다음과 같이 밝혔습니다.

"인간 지식은 너무 비싸고 신뢰할 수 없거나 이용할 수 없는 경우가 있다는 문제가 있다"라며 "인공지능 연구의 오랜 과제는 어떤 인간의 도움 없이도 초인적인 문제 해결 능력을 보이는 알고리즘을 만들어 이런 단계를 건너뛰는 것이었다"

인공지능을 훈련시키기 위해 방대한 데이터를 수집·입력하고 전문가의 지식을 동원하는데는 많은 비용과 시간이 걸리겠지요. 인간의 잘못된 지식이나 선입견이 오히려 인공지능 학습에 한계가 될 수 있는 편향으로 작용할 수도 있습니다.

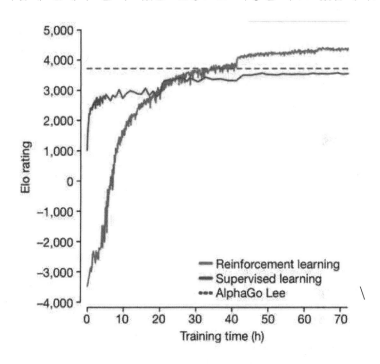

훈련 시간에 따른 알파고 제로와 알파고 리의 실력 비교 파란 점선이 알파고 리의 실력, 파란 실선이 독학한 알파고 제로의 실력, 보라색 실선이 인간으로부터 배우는 방식으로 바둑을 익힌 알파고 제로의 실력. ⓒ 네이처

최근에는 이런 문제를 극복하기 위해 인공지능이 스스로 수많은 시행착오를 통해 요령을 터득하는 '강화학습(Reinforcement Learning)'에 대한 연구가 활발한데요, 이런 강화학습은 인간의 지식 자체가 부족하거나 전무한 새로운 분야를 연구하는 데

큰 도움이 될 수 있겠습니다.

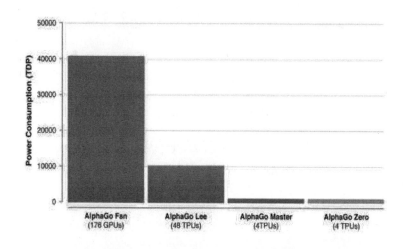

알파고 제로와 기존 알파고 버전의 컴퓨팅 파워를 비교한 그림. ⓒ
DeepMind

강화학습 방식으로 만들어진 알파고 제로는 지금까지 나온 알
파고 버전들 중 가장 강력했습니다. '알파고 제로'는 72시간
독학을 한 후 '알파고 리'와 대국한 결과 100전 100승을 기록
했는데 한 수에 0.4초가 걸리는 '초속기' 바둑으로 490만판을
혼자 두고 쌓은 결과였습니다. 40일에 걸쳐 2,900만 판을 혼
자 둔 후에는 2017년 5월 세계랭킹 1위 커제 9단을 3대 0으
로 꺾었던 '알파고 마스터'의 실력마저 압도했지요. 알파고 제
로는 알파고 마스터에 100전 89승 11패를 거뒀습니다. 알파
고 제로는 강화학습으로 바둑의 이치를 스스로 깨달았을 뿐

만 아니라 새로운 정석을 개발하기도 했습니다. 알파고 제로가 기존 버전들보다 강한 이유에 대해 데미스 허사비스는 "인간 지식의 한계에 더 이상 속박되지 않기 때문"이라고 설명했습니다. 알파고 제로는 컴퓨팅 파워도 크게 줄였는데 이세돌과 대결했던 알파고가 TPU(텐서프로세싱유닛 : 인공지능에 특화돼 구글이 만든 칩) 48개를 쓴 반면, 알파고 제로는 4개만으로 구동했죠.

지금까지 인공지능의 역사와 원리, 발전과정 등에 대해 살펴봤는데요, 인공지능의 무한한 가능성을 제대로 활용하게 된다면 인류가 직면한 중요한 문제들을 해결하는데 커다란 도움이 될 것은 자명한 일이겠지요. 우린 이제 그 가능성을 막 확인한 참입니다. 앞으로 인류가 이 가공할 무기를 어떻게 사용하느냐에 따라 그 결말은 극과 극으로 나뉘게 될 수도 있을 것입니다.

#38. 인공지능 국가전략

인공지능 기술의 비약적인 발전으로 인해 모든 분야에 걸쳐 패러다임 전환이 일어나고, 이에 적극적으로 대비해야 한다는 것에 이제 전문가간 이견은 없어 보입니다. 인공지능의 발전은 생산방식과 생산성 등에 혁신을 가져와 산업구조를 재편시키고 이에 따라 교육과 일자리가 바뀌고, 결국 삶의 방식도 변화하게 될 것은 자명하죠.

주요국들은 민간 기술력(미국), 제조업 경쟁력(독일), 대규모 자본 및 데이터(중국) 등 자국의 강점을 활용하여 인공지능을 접목·활용하거나, AI를 통해 고령화(일본) 등 당면과제 해결을 추진하며 4차 산업혁명 대응과 AI 주도권 확보에 국가적 노력을 기울이고 있습니다. 지금의 대응노력에 따라 미래 세대의 운명이 좌우될 것으로 판단하고 있는 것이지요.

우리 역시 경제 활력 제고 및 사회문제 해결에 인공지능이 미칠 중요성을 인지하고 범정부적 실행을 도모하고자 2019년 12월, 부처합동으로 '인공지능 국가전략'을 마련하여 발표했습니다. 제가 이해하기 쉽게 요약해서 해설을 해보겠습니다. 2030년을 목표로 3대 분야, 9대 전략, 100대 과제를 담았는데 사실 모두 실현할 수 있을지 의심스러울 정도로 매우 방대한 범위를 다루고 있긴 합니다.

주요 내용을 살펴보면 첫째, 세계를 선도하는 인공지능 생태계를 구축하기 위해 AI 인프라 확충, AI 기술 경쟁력 확보, 규제혁신과 법제도 정비, 글로벌 AI 스타트업 육성 등의 정책이 담겨 있습니다. AI 인프라 측면으로 공공 데이터 전면 개방을 추진하여 데이터 개방·유통 활성화를 도모하고, 이를 지원할 수 있도록 공공-민간 데이터 지도 연계를 추진하겠다는 전략입니다.

마침 좋은 사례가 요즘에 나오고 있죠. 바로 코로나19 사태로 국민들이 어려움을 겪고 있는 마스크 구입 관련입니다. 공적 마스크 공급 정책에 따라 약국 등에서 마스크를 판매하고 있는데 그 수량이 부족해 많은 국민들이 헛걸음하는 일이 잦자 정부에서는 마스크 공급 관련 공공 데이터를 개방한 것인데요. 정부에서 일일이 직접 웹이나 앱을 개발해 서비스를 제공하는 것보다 정부에서는 민간 개발자들이 필요로 하는 마스크 판매 관련 정확한 데이터를 제공해주면 민간 개발자나 전문가들이 다양한 창의성과 혁신을 가미해서 상황에 맞는 서비스를 만들 수 있다는 점을 감안해 정부와 민간이 협업하는 형태로 이번 일을 추진했습니다. 또 KT, 코스콤, NHN, 네이버 비즈니스 플랫폼 등 4개 기업도 협력했는데 이들은 2020년 3월 5일부터 2개월간 무상으로 클라우드 인프라를 제공하기로 하였습니다. 네이버 클라우드는 약국 정보, 마스크 재고 등 데이터 API 서버를, KT, NHN, 코스콤은 개발언어, 데이터관리시스템(DBMS), 웹서버(WAS) 등 개발환경을 제공하며 힘을 보탠 결과 실시간으로 마스크 재고 웹, 앱 서비스를 국민에게 제공할 수 있게 된 것이지요. 덕분에 이 글을 쓰고 있는 저도 최근에 아이 마스크 2장을 간신히 구입할 수 있었답니다.(웃음) 이처럼 정부가 제공한 공공데이터를 민간이 자유롭게 활용할 수 있을 때 보다 창의적이고 우수한 대국민 서비스가 많이 나올 수 있다는 좋은 사례로 시의 적절하게 여러분께 소개하게 되어 다행입니다.(웃음)

MASK-NEARBY
마스크 알리미

마스크 5부제에 따른
오늘의 구매 가능 여부를 확인해보세요!
확인하기 ↻

목적지를 검색하세요   🔍

[© 마스크알리미(mask-nearby.com)]

또 첫 번째 대목이었던 '세계를 선도하는 인공지능 생태계
구축' 전략에 주목해볼 만한 이슈는 AI 기술경쟁력 확보 부
분인데, 특히 'AI 반도체' 경쟁력 확보에 관한 것입니다. AI
반도체란 인간 뇌처럼 기억, 연산을 대량으로 동시(병렬)에
처리할 수 있는 차세대 반도체 기술입니다. 현재까지 대다수
를 차지하는 IT기기의 뇌는 중앙처리장치(CPU)였지요. CPU
는 입력 순서에 따라 연산을 처리하는 '직렬' 컴퓨팅 구조로
만들어졌지요. 컴퓨팅 시스템 전체를 통제하거나 어려운 연
산을 할 때에는 유리하지만, 일정한 규칙 없는 수많은 데이
터를 한꺼번에 처리해야 하는 AI 환경에서는 비효율적인 시
스템이지요. 반면에 AI 반도체는 '병렬' 컴퓨팅 구조로 되어

있습니다. 사물에 대한 정보를 기억하고 인식하면서, 한꺼번에 데이터를 쌓는 영역에서 최적 성능을 발휘하게 되죠. 이 때문에 글로벌 기업들이 인공지능(AI), 빅데이터 등 초고성능 연산이 필요한 솔루션 개발에 집중하고 있는 것이죠. AI 반도체 출현으로 사업 간 영역도 모호해지고 있습니다. 이 칩을 개발하는 회사는 반도체 소자업체뿐만 아니라 구글, 페이스북, 아마존, 바이두 등 IT 공룡들이 데이터센터, 자율주행 기술 등에 활용할 AI 칩을 독자적으로 개발하고 있지요. 우리나라도 세계 최고 수준의 반도체 공정 실력을 앞세워 차세대 반도체 개발에 앞장서야 할 때입니다.

둘째로 AI를 가장 잘 활용하는 나라로 만들기 위해 AI 인재 양성 및 대국민 AI 교육, 산업 전반의 AI 활용 전면화, 최고의 디지털 정부 구현에 관한 내용이 수록되어 있습니다. 제 생각에는 가장 중요하고도 또 어려운 대목이라고 느껴지는데요. 바로 인력 양성에 해당하는 부분이 그것입니다. 여전히 대한민국 교육은 지난 세기 교육에 머물러 있음을 부정할 수 없을 것입니다. 여기서 입시를, 교육 정책·행정을 굳이 거론하지 않더라도 창의적인 미래인재를 양성하기 위한 조건 자체가 열악한 수준입니다. AI 시대는 SW·AI 중심의 디지털 문맹 퇴치로부터 시작하나, 우리 SW·AI 교육은 시작단계로 학교교육 및 졸업 후 교육기회도 부족한 실정이지요. 심지어 이를 잘 지도할 수 있는 교원, 전문가도 매우 부족한 상황입니다. 현재 2015 개정 교육과정에선 초등학교 5~6학년 동안 17시간, 중학교 3년간 34시간 이상을 이수하게 되는데요. 각각 한 학기, 두 학기 동안 주당 한 시간을 들을 수 있는 시수에 불과하지요. AI 중심 인재 양성을 위한 기초 교육으로는 턱없이 부족한 시간입니다.

이를 위해 정부에서는 2022년까지 SW 및 AI 중심의 학교 커리큘럼을 개편하여 필수교육 확대 및 교원 역량을 집중하여 육성하겠다고 밝혔습니다. 또한 대학내 SW·AI 기초 교육을 필수화하고 입학 모집단위와 관계없이 융합전공을 신설하고, 소속 계열을 대학이 자율적으로 선택할 수 있도록 개선하겠다는 입장입니다. 또한 성인 학습자가 AI 역량을 습득할 수 있도록 K-MOOC, 사이버대학 등 다양한 온라인 교육 콘텐츠 개발을 통해 AI 평생 교육을 체계화 하겠다고도 합니다.

최근 전자신문에서 대국민 대상 'AI 교육 현실과 개선방향' 설문에서 97.9%가 'AI 교육이 필요하다'라고 답했다고 하니 사회적 교육 수요와 관심이 어떠한지를 반증하는 대목이라 할 수 있겠네요. 개인적인 생각으로는 정부의 인력 양성 계획도 중요하지만 무엇보다 교육에 대한 사회 구성원 전반의 인식 개선이 먼저 필요하다고 봅니다. 근본적으로 평가와 경쟁 위주의 서열식 구조가 바뀌지 않으면 아무리 좋은 교육 공급도 우리나라에서는 입시를 위한 수단으로밖에 이뤄지지 않을 겁니다. 초중고 SW·AI 교육의 핵심은 화려한 코딩이 목적이 절대 아닐 것입니다. 디지털 시대의 논리적 사고와 문제 해결력, 창의성을 기르는 리터러시 교육임을 간과해서는 안 될 일이죠.

마지막으로 AI 국가전략에는 '사람 중심의 AI'를 실현하는 나라를 만들기 위해 포용적 일자리 안전망 구축, 역기능 방지 및 AI 윤리체계 마련에 관한 정책이 담겨 있습니다. 산업 전반에 걸친 AI 활용은 단순 반복적 업무를 중심으로 일자리의 감소를 초래할 우려가 있고, AI는 우리 생활의 편의성를 높임에도 AI의 기본소양과 기술을 갖지 못한 취약계층·집단에까지 AI의 혜택이 돌아가지 않을 우려를 해결하겠다는 겁니다. 이를 위해 노동시장 급변으로 인한 사회적 충격 완화와 일자리 변화에 취약한 계층을 위해 생계유지, 취업지원 등 일자리 안전망을 강화하겠다는 전략과 산업 현장인력의 AI 활용역량 제고와 일자리 이동성 확대를 위해 직업훈련 체계를 AI 중심으로 개편하겠다는 내용으로 요약할 수 있겠네요. 모쪼록 이 국가전략이 대한민국이 인공지능 강국으로 자리매김할 수 있는 의미 있는 마일스톤이 되기를 바래봅니다.

한편으로는 중앙 정부 외 지역에서의 움직임도 분주하게 벌어지고 있는데요, 17개 광역지자체 중심으로 저마다의 비전을 수립하고 분주하게 정책을 펼쳐가고 있습니다. 대부분의 지역에서 이미 4차 산업혁명과 관련된 조례를 제정하고, 기본 계획을 꾸렸고 또한 지역별 4차산업혁명위원회를 구성하여 산학민관의 전문성을 정책에 반영하고 있지요. 이미 세종(5-1생활권)과 부산(에코델타시티)에서는 국가 스마트시티 시범도시 조성 사업이 추진되고 있고, 특히 광주에서는 AI 산업융합 집적단지 조성사업이 예타 면제를 통과하면서 향후 5년간 첨단 3지구를 중심으로 약 4천억원 규모의 투자가 이루어질 예정이라고 합니다. 그 외 인공지능대학원 5개교가 서울(고려대, 성균관대), 대전(KAIST), 광주(GIST), 경북(Postech)에 설립되어 전문 인력 양성의 기반을 마련하기도 했는데 2020년도 입학 경쟁률이 최대 10:1을 기록할 정도로 인기가 좋다고 하네요. 또한 규제자유특구 7개 지역 지정으로 강원(바이오헬스케어), 부산(블록체인), 대구(스마트웰니스) 등 지역별 특화·주력 산업에 대한 규제 특례로 보다 활발한 산업 활성화를 도모하고도 있습니다. 이 외에도 해당 지역별 수소시범도시, 스마트 팜 혁신밸리, 스마트양식 클러스터 조성 등에도 분주하며 서울과 제주 등에서는 4차 산업혁명 펀드 조성도 활발한 편이

예요. 이처럼 중앙부처뿐만 아니라 지역에서도 새로운 메가트렌드에 발 빠르게 대처하며 대한민국의 혁신을 견인하고 있답니다. 마지막으로 바래보자면 일시적인 정권의 트렌드에 그치지 않고 5년, 10년 후를 내다보는 빅 픽쳐 설계와 지속가능한 실현을 담보할 수 있는 불가역적 장치를 마련해 두는 것도 중요한 일이라고 생각합니다.

#39. 영생을 향하여

역사상 처음으로 너무 많이 먹어서 죽는 사람이 못 먹어서 죽는 사람보다 많고, 늙어서 죽는 사람이 전염병에 걸려 죽는 사람보다 많고, 자살하는 사람이 군인, 테러범, 범죄자의 손에 죽는 사람보다 많다. 21세기 초를 살아가는 보통 사람들은 가뭄, 에볼라, 알카에다의 공격으로 죽기보다 맥도날드에서 폭식해서 죽을 확률이 훨씬 높다.

호모 데우스(Homo Deus) / 유발 하라리

유발 하라리는 저서 '호모 데우스'에서 중세에서 근대에 이르는 종교·이념 전쟁이 줄어들고, 과학 기술이 급격한 발전을 거듭하여 기아, 역병, 전쟁으로 죽는 일이 줄어들기 시작하면서 인류는 불멸, 행복, 신성을 꿈꾸게 되었다고 합니다. 죽음이 더 이상 인간에게 필연적인 것이 아닐 수도 있다는 꿈을 꾸게 된 것이죠. 실제로 꾸준히 기대 수명은 늘어왔습니다. 우리나라 평균 기대수명은 2009년 80세에서 2018년 82.7세로 늘어났습니다. 심지어 미국의 시사주간지 '타임(TIME)'은 2015년 "올해 태어난 아기는 특별한 사고나 질병이 없는 한 142세까지 살 수 있다"고 보도하기도 했지요. 현재 인간의 평균 기대수명 80년보다 여러 가지 의학 기술의 발전으로 1.77배 더 오래 살 수 있다는 얘기입니다.

현대인은 1만 년 전 사람과 유전학적으로 거의 달라진 점이 없음에도 생체 기관의 능력은 몰라보게 향상되었습니다. 평균 체형도 커졌지요. 키가 커졌고 두뇌도 정보를 빠르게 처리하도록 진화했습니다. 그 배경에는 과학과 의학의 발전이 있지요. 음식을 안전하게 보관할 수 있게 해주는 전기와 냉장고가 발명돼 많은 질병을 예방했고 살균과 정수, 폐수 시설도 장수에 도움을 줬습니다. 충돌 전에 에어백이 터지는 자동차 등으로 사고사 위험도 전보다 줄어들었습니다. 망가진 장기를 줄기세포로 재생하는 연구는 이미 여러 분야에서 활용할 정도로 진화된 상태입니다. 백신 개발로 천연두와 같은 전염병이 지구상에서 사라지기도 했지요. 물론 신종 바이러스로 인해 전 세계가 예상치 못한 고난을 겪고 있는 중이긴 하지만요. 자, 앞으로 우리를 구원해 줄지도 모를 몇 가지 기술을 소개 해 보겠습니다.

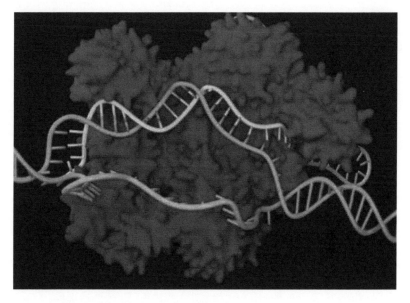

[크리스퍼 유전자 가위 개념도 / ⓒ European Scientist]

크리스퍼(CRISPR) 유전자 가위 기술은 인공 효소로 유전자의 잘못된 부분을 제거해 문제를 해결하는 유전자 편집(Genome Editing) 기술을 말합니다. 즉, 손상된 DNA를 잘라내고 정상 DNA로 갈아 끼우는 짜깁기 기술로서 사이언스(Science) 저널 에 '2015년 주목할 만한 기술'로 선정되기도 했습니다. 크리스퍼 기술은 첫째, 원하는 타깃 유전자를 자를 수 있습니다. 둘째, 원하는 유전자를 넣을 수 있고, 셋째, 유전자 서열을 뒤집을 수 있습니다. 이로인해 에이즈(HIV : Human immunodeficiency virus), 혈우병, 헌터병 등 다양한 희귀질환에 획기적인 치료법이 될 수 있습니다. 또한 근본적인 치료가 가능하며 후손에게 유전병이 전달되지 않는다는 장점도 있지요. 심지어 비용도 획기적으로 낮아지고 있습니다. 크리스퍼 유전자 가위의 임상 시험 결과가 잇따라 나오면서 시장의 기대감도 높아지는 추세입니다. 생명공학정책연구센터에 따르면 지난해 4조2,000억원 규모인 유전자 교정 시장은 2023년 8조 3,000억원 규모로 성장할 전망으로 이 중 절반 이상이 크리스퍼 유전자 가위 시장으로 밝혀졌습니다.

반면 크리스퍼 기술 발전을 우려하는 관점도 있습니다. 돌연변이 유전자를 정상 유전자로 바꾸는 일이 가능해졌으니, 정상 유전자를 더 우수한 수준으로 향상시키려는 유혹이 생길 것이라는 측면입니다. 아직 태어나지 않은 아이들의 유전자를 편집해서 심장병이나 알츠하이머병, 당뇨병, 암 같은 질병에 걸릴 위험을 낮춰야 할까요, 아니면 힘이 더 세고, 인지 능력이 더 높은 특성을 부여하거나 눈이나 머리카락 색상 같은 신체적 특성을 선택해주어야 할까요. 완벽함을 향한 욕구는 인류에게 거의 본능이나 마찬가지지만, 일단 이 위험한 경사를 미끄러져 내려가기 시작하면 우리가 도착하는 곳은 처음 생각과 전혀 다른 곳이 될 수도 있습니다. 제니퍼 다우드나(Jennifer Doudna)와 새뮤얼 스턴버그(Samuel Sternberg)는 저서 '크리스퍼가 온다'에서 다음과 같이 역설합니다.

"문제는 바로 이것이다. 현대 인간이 출현한 지 거의 10만 년이 흐르면서 '호모 사피엔스' 게놈은 무작위 돌연변이와 자연선택이라는 두 힘으로 형태를 갖췄다. 이제 처음으로 우리는 현재의 인간뿐만 아니라 미래 세대의 DNA도 편집할 수 있는 능력을 갖췄다. 즉, 우리 자신의 진화 방향을 결정할 수 있다. 지구 생명체 역사상 전례 없는 일이다. 인간의 지식을 넘어서는 일이다. 우리는 불가능하지만 꼭 답해야 하는 질문에 대면하게 된다. 스스로 인정하지는 않지만 사실은 괴팍한 우리는 이 거대한 힘을 갖고 어떤 선택을 해야 하는가?"

다른 이야기는 노화의 비밀, '텔로미어(Telomere)'입니다. 염색체의 말단 소체인 텔로미어는 오래전부터 생명 연장의 비밀을 풀 열쇠로 과학계의 주목을 받아왔지요. 염색체의 유전 정보를 보호하는 텔로미어는 나이가 들수록 점점 짧아진다는 사실이 밝혀졌습니다. 세포 분열이 거듭되면서 짧아진 텔로미어가 세포에 쌓이는 건 노화의 특징 중 하나인 셈이죠. 그런데 스페인 과학자들이 살아 있는 생쥐의 텔로미어를 대폭 연장하는 데 성공했습니다. 정확히 말하면, 같은 종의 보통 생쥐보다 훨씬 긴 텔로미어를 가진 생쥐를 생명공학 기술로 만들어낸 것이지요. 이렇게 텔로미어가 길어진 생쥐는, 암과 비만이 덜 생기고, 건강한 상태에서 더 오래 사는 것이 밝혀졌습니다. 가장 주목할 부분은, 생쥐의 유전자를 전혀 조작하지 않고 수명만 연장했다는 점인데요. 현재 다양한 컨퍼런스나 세미나에서 관련 이슈가 뜨겁게 다뤄지고 있다고 합니다.

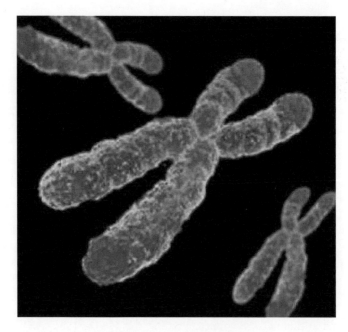

[텔로미어 / ⓒ 카보네이트 TV]

텔로미어 검사는 소량의 혈액만으로 간단하게 이뤄지며, 텔로미어 유전자 길이에 대한 정보를 통해 노화상태 및 노화속도를 확인할 수도 있습니다. 앞으로 텔로미어의 손상을 막기 위한 다양한 치료법이 등장하게 된다면 일대 센세이션을 일으킬 수도 있을 만큼 거대한 메가 트렌드가 될 수 있을 것입니다.

더하여 최근에는 유전자 검사 기술도 보편화되어 직접 병원에 가지 않아도 많은 사람들이 손쉽게 저렴한 비용으로 본인의 유전자 검사를 의뢰하고 매우 다양한 질환의 가능성에 대해 분석 보고서를 받아볼 수 있게 되었지요. 소개해드릴 서비스는 '23andMe'라는 미국 캘리포니아 서니 베일에 본사를 둔 개인 소유의 유전체 및 생명 공학 벤처회사입니다. 사람의 세포는 23개의 염색체를 가지고 있다는 뜻에서 회사 이름이 23andMe인데, 염색체를 구성하고 있는 DNA 검사를 통해 내 조상의 기원이 어디에서 시작되었는지, 내가 유전적으로 취약한 질병이 무엇인지 등을 알려주는 서비스를 제공합니다.

일반 검사는 99달러인데, 이것은 조상의 기원을 알려 주는 것 입니다. 내 피가 순수한 한국 혈통인지, 몽고의 침입의 영향을 받은 것은 없는지, 수천 년 전의 다른 종족의 피가 흐르고 있는 것은 아닌지 등을 알려 줍니다. 이 검사를 하고나면 많은 사람들이 소위 '멘붕'에 빠진다고 하죠. 대부분이 순수

혈통이라 여겼던 한국인조차 조상을 거슬러 올라가다보면 세계 인종의 피가 섞인 혼혈종임을 종종 확인하게 된다고 해요. 그도 그럴것이 역사적으로 인류는 지속적으로 섞여 왔습니다. 지금이야 선으로 나뉜 국가라는 이미지 안에서 동일한 정체성을 교육받고, 주장하며 살지만 실상 이전에는 수많은 전쟁과 교역, 개척을 통해 서로의 땅을 밟고, 또 정착하고 이동하는 등의 '섞임'이 많았을 것이라는 거죠. 조만간 저도 제 뿌리 찾기에 도전해볼 생각입니다.(웃음)

정밀검사에 해당되는 199달러 서비스는 훨씬 더 많은 정보를 제공한다고 합니다. 내가 유전적으로 취약한 질병이 있는지, 나중에 알츠하이머나 치매에 걸릴 확률은 어느 정도인지, 나의 수면 건강은 어떤지, 유전적으로 청력을 비롯한 신체의 잠재적인 문제는 어떤 것인지 등을 보고서로 만들어 제공 한다고 하는데, 이러한 보고서는 우편으로 오는 것이 아니라 23andME 사이트에서 조회하면 됩니다. 서비스를 신청하고 좀 지나면 침을 뱉으라고 튜브로 된 키트를 보내오는데, 그 키트에 침만 뱉어 보내면 되는 매우 간단한 방식으로 이루어집니다. 최근 우리나라에서도 유사한 서비스가 생겼네요. 유후(YouWho)라는 곳인데 멀리 미국까지 보내지 않아도 간단히 혈통 찾기가 가능하겠군요.

What's in the kit.

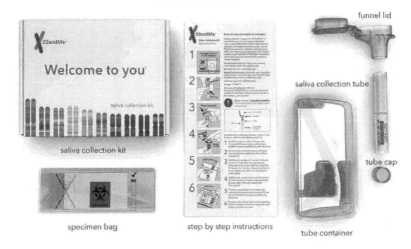

[© 23andME(23andme.com)]

이렇게 글로벌 시장에서 DTC(Direct to Customer) 유전자 검사 서비스 시장은 매우 급속도로 성장하고 있습니다. 그러나 국내에서 DTC 유전자 검사가 가능한 대상은 '생명윤리 및 안전에 관한 법률'에 따라 검사할 수 있는 개수가 혈압, 혈당, 콜레스테롤 등 12종에 불과합니다. 암이나 치매 등 질병과 관련된 약 120여종의 유전자 검사를 위해서는 직접 병원을 방문해야 허용되죠. '풀 시퀀싱(Full Sequencing : 전체 염기서열 분석)'이라 불리는 유전자 전체 분석도 병원에서만 가능한 형편입니다. 23andME 서비스를 이용하면 무려 150가지 이상의 검사 결과를 국경에 제약 없이 간편하게 받아볼 수 있는 시대인데 말이죠. 최근 인천 송도 지역을 중심으로 정부가 실증특례를 허용하면서 총 25종의 검사를 할 수 있게 되었지만 여전히 세계 시장에 비해 갈 길은 멀지요. 5G 네트워크와 최신 스마트폰이 일반화 되었지만, 국내 원격의료 수준은 시범사업이 처음으로 진행된 20년 전과 비교해 한 걸음도 나가지 못하고 있는 실정은 참 안타까울 따름입니다. 다만 금번 코로나19 사태를 겪으며 한시적으로 사용자들이 경험을 쌓을 수 있게 되면서 점차 도입에 대한 인식도 바뀔 수 있으리라 기대해봅니다.

구글의 모기업이죠, 알파벳의 광폭 행보도 놀랍습니다. 자회사로 설립한 바이오기업 '칼리코(Calico)'는 안티에이징을 통한 생명 연장을 추구하는 대표적인 기업인데요, 노화의 근본 원인을 알아내어 인간의 수명을 획기적으로 연장하는 것을 목표로 2013년 9월 13일에 설립되었습니다.

이 회사는 매년 수조원이 넘는 연구비를 쓰고 있지만 그들의 연구성과가 언론에 보도되거나 외부에 공식적으로 발표된 적은 없습니다. 아무래도 인간 수명에 관한 연구이기 때문에 불필요한 논쟁을 초래할 수 있기 때문이겠지요. 일부 학회를 중심으로 알려진 사실 가운데 칼리코에서는 효모, 선충, 벌거숭이두더지쥐에 대한 연구를 진행하고 있다고 알려졌습니다. 특히 벌거숭이두더지쥐에 대한 연구가 흥미로운데 이 동물은 수명이 다할 때까지 노화가 거의 진행되지 않고 질병에 걸릴 확률도 거의 없다고 알려졌습니다.

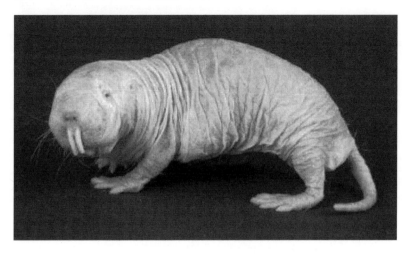

[벌거숭이두더지쥐 / © namuwiki]

이 쥐의 수명은 약 35년으로 다른 쥐에 비해 10배 이상 길며(사람으로 치면 800세 정도) 암에 걸리지도 않고, 통증도 거의 느끼지 않으며 산소 없이도 18분이나 생존할 수 있다고 밝혀졌죠. 정말 놀라운 생명력입니다. 연구원들은 벌거숭이두더지쥐가 DNA나 단백질 손상을 바로잡는 능력이 탁월하고 나이가 들어도 그 능력이 계속 유지되기 때문이라고 하는데요. 이 쥐의 혈액과 분비물을 분석해 구체적으로 어떤 물질이 수명과 관련이 있는지를 밝혀낼 계획이라는군요. 인공지능 선두 주자답게 바이오 분야에서 인공지능 기술 활용도 활발하게 진행하고 있다고 합니다. 인간은 늘 죽음과 함께 하고 있고, 이것은 불가항력이며 필연이었는데 아마도 불멸의 꿈을 정말 이룰 날이 올 수도 있겠다는 희망도 가져볼 수 있는 시대가 되었다니 참 놀라울 따름입니다.

#39. 영생을 향하여2

역사적으로 볼 때 사람이 짧은 생물학적 인생을 넘어 살아남는 방법은 미래 세대에게 자신의 가치, 믿음, 지식을 전수하는 것이었다. 그러나 이제 우리 존재의 근간을 이루는 패턴들을 보전하는 새로운 방법들이 등장하면서 패러다임이 전환될 때다. 수명은 처음에는 꾸준히, 나중에는 급격히 늘어날 것이다. 생명과 질병을 구성하는 정보 처리 과정에 대해 우리가 막 역분석을 시작했기 때문이다.

특이점이 온다(The Singularity is near) / 레이 커즈와일

자연적인 적혈구 보다 236번 이상 많은 산소를 조직에 운반할 수 있는 인공 적혈구를 개발하고 있는 로버트 프라이타스 (Robert Freitas)는 의학적으로 방지 가능한 질병들 중 50%에 해당하는 상황만 막아도 기대 수명이 150년까지 늘어날 것으로 봤습니다. 생명공학과 나노기술 혁명이 전면적으로 펼쳐지면 사실상 모든 의학적 사망 원인을 극복할 수 있다고 보는 것이죠. 점차 비 생물학적 존재가 되어갈 테니 '자신을 백업'할 수도 있고, 그러면 우리가 아는 한 모든 사망 원인이 의미 없어지는 셈입니다.

지금은 기사가 많이 내려가 소식이 전해지고 있지 않지만 2018년도까지 실제 '넥텀(Nectome)'이라는 미국의 스타트업에서는 MIT 미디어랩의 지원을 받아 인간의 뇌를 디지털화하여 다운로드하는 연구, 더 정확히 말하자면 '기억을 보존'하고자 하는 연구를 진행 중이었죠. 신체는 냉동 보존하는 방법을 택했습니다. 당시 저는 쥐의 뇌 회로를 시각화하는 기술이 상당 부분 성과를 내고 있었던 넥텀의 프레젠테이션 영상을 본 적이 있는데요. 그러다 연구 소식이 생명윤리 단체에 거센 항의에 부딪히게 되고 MIT는 기억과 정신과 관련된 모든 생체 분자를 보존하기에 충분히 발전하지 못했다는 이유를 들며 슬그머니 지원을 끊게 되죠. 그 후 해당 연구는 자취를 감추게 됩니다. 기억을 보존할 수 있다는 것에 개인적으로는 조금 더 연구의 성과를 보고 싶었지만 아직은 삶과 죽음이라는 것을 전원을 넣고 빼는 것과 같이 작동시킬 수 있을 것이라는 사실에 약간의 거부감이 드는 것도 사실입니다.

한편 하버드대의 유전학과 교수이자 노화생물학센터의 공동소장인 데이비드 싱클레어(David Sinclair) 박사는 노화 분야에 있어 상직적인 인물입니다.

[데이비드 싱클레어 / © news.harvard.edu]

싱클레어는 천연화합물 'NMN(Nicotinamide mononucleo-tide)'를 경구 복용한 쥐의 수명이 16% 늘어났으며, 당뇨병에 걸린 쥐에 일주일간 NMN을 투여하자 혈당이 안정적으로 변화했다고 소개했는데요. NMN과 여러 가지 다른 약물이 안전하다고 확신할 수 있었기에 자신 몸에 직접 투여하고 반응을 살펴보는 가운데, 정기적인 혈액과 유전자 검사에 의하면 현재 50살인 그가 흰 머리카락이 하나도 없으며 생물학적 나이가 31살로 판정받았다고 합니다. 그의 가족에게도 같은 방식으로 NMN을 포함한 여러 약물을 몇 년간 복용케 하였는데, 현재 80세 아버지는 여행과 래프팅 등을 무리없이 즐기며 젊었을 때보다 더 활동적으로 변했다고 하지요. 또 폐경기에 접어든 40대의 처제는 약물을 투여 받은 후 다시 생리를 시작했다는 사실도 알려졌습니다.

2020년까지 임상시험이 완료되고 그 효과가 입증된다면 인류는 또 다른 역사를 써 갈 수도 있을지 모르겠습니다. 안티에이징의 신제품인양 최근 NMN에 대한 수요가 높아지자 여기저기서 보충제를 만들어내고 있지요. 여러분들께만 알려드리자면 가격이 1년 전에 비해 많이 낮아졌다는 사실입니다. (웃음)

특이한 분이 한분 더 계시죠. 하루에 영양제 100여알을 드시는 미래학자가 있습니다. 바로 이 챕터의 서문을 장식한 구글의 기술이사 레이 커즈와일(Ray Kurzweil)입니다. 레이 커즈와일은 발명가로서 문서판독기, 광학문자인식기, 음성인식기, 평판스캐너, 신시사이저 등을 발명했을 뿐만 아니라 구글 엔지니어링 책임자로 디지털 시대의 선구자로 불리는 인물이지요.

또한, 그가 내놓은 미래 예측 147개 가운데 무려 126개가 실현됐을 정도로 저명한 미래학자이기도 합니다. 그러나 그가 내놓은 어떤 성과보다 사람들의 눈과 귀를 사로잡는 건 바로 건강을 위해 노력하는 집요하고도 괴짜 같은 집념과 실천일겁니다.

무려 약 11억원. 레이 커즈와일이 영양제를 구입하는 데 쓰는 연간 비용입니다. 놀랍죠? 심지어 매일 먹어야 할 복용량을 확인하고 전해주는 영양제 전문가까지 고용했다고 합니다. 그의 노력을 비웃는 이들도 있겠지만 실제로 그가 67세였을 때, 생물학적 나이는 40대 후반이라는 검사 결과가 나왔다는 점에서 그저 웃고 넘어갈 수 없는 '팩트'가 되었답니다. 2020년 현재 그의 나이는 만 72세인데, 그의 목표는 2045년까지 살아있는 것입니다. 그러니까 25년 뒤인 97세까지는 건강을 유지해야 한다는 것인데 왜일까요? 바로 본인이 예측한 '특이점(Singurality)'을 기다리는 것입니다.

그는 지금부터 10~20년 뒤면 유전공학의 발달로 우리 몸속에 있는 유전자를 모두 분석할 수 있다고 주장하는 한편, 인공지능 역시 상당한 수준으로 발전해 컴퓨터가 유효한 테스트를 통과한다면 인공지능인지 인간의 지능인지 구별하는 게 어려워질 거라고 예측했습니다. 즉, 2045년이면 유전공학과 기계의 발달 덕분에 질병과 노화에서 벗어날 수 있다는 것을 믿

는 것이죠. 놀라운 사실은 그것이 점점 현실화되고 있다는 점
입니다. 기술 발전의 속도는 더 빨라질 것은 자명하고, 인공
지능이라는 미지의 힘을 손에 넣게 된 이상 특이점 도래 시기
는 더 빨라질 수도 있다고 주장하는 학자들도 생겨나기 시작
했습니다.

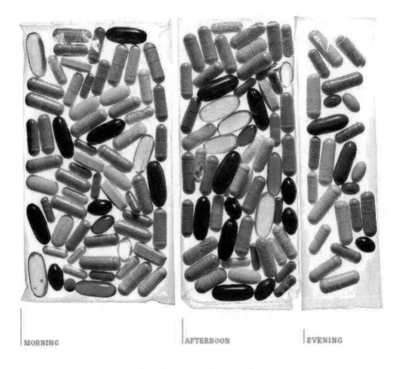

[© kurzweilai.net]

커즈와일의 영양제 레시피도 화제가 된 적이 있죠. 100여
종에 이르는 영양제 중 '코엔자임(Coenzyme) q10', '포스파티딜

콜린(Phosphatidylcholine)', '비타민D', '오메가-3'의 중요성을 특히 강조했습니다. 여기서만 밝히지만 저도 커즈와일의 예측에 매료당해 그의 길을 따라보기로 하고 실천에 옮겼습니다. 다만 평범한 중생이 11억 원에 이르는 거대한 돈을 쓰기엔 불가능하고, 하루에 100여종의 영양제를 목으로 넘기는 것도 고통스러운 일일테니 저는 할 수 있는 범위에서 작은 도전을 시도했습니다. 여러분이 이 책을 볼 때쯤엔 아마 몇 가지가 달라져 있을 수도 있지만 아래 사진으로 제가 복용하는 레시피를 공개해봅니다.(웃음)

#40. AI와 헬스케어

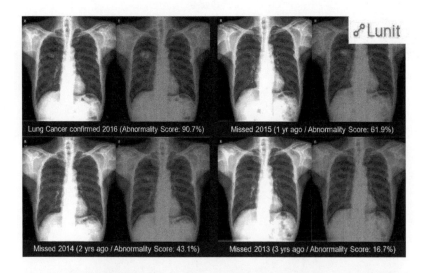

Lung Cancer confirmed 2016 (Abnormality Score: 90.7%)

Missed 2015 (1 yr ago / Abnormality Score: 61.9%)

Missed 2014 (2 yrs ago / Abnormality Score: 43.1%)

Missed 2013 (3 yrs ago / Abnormality Score: 16.7%)

흑백으로 보이는 4장의 X-ray와 푸른 빛에 컬러 포인트로 보이는 4장의 인공지능 판독물 ⓒ Lunit

옆 사진은 인공지능과 헬스케어가 결합했을 때 얼마만큼 폭발적인 성과를 가져올지 가장 잘 설명해주고 있는 사례입니다. 왼쪽 위 흑백 사진처럼 X-ray로 2016년에 폐암이 확정된 환자가 있었습니다. 그러나 이 환자는 매년 건강검진을 해 왔는데요. 2015년까지는 일반 X-ray(흑백 사진)로 아무 소견이 없었습니다. 그러나 이를 인공지능 기술을 접목해 판독(각 흑백 사진의 오른쪽 사진)해보니 무려 2013년에도 폐암 가능성을 의심케 하는 진단(16%)을 내놓습니다. 게다가 눈으로 식별이 가능하게 판독합니다. 이 환자가 이 기술의 수혜를 입었다면 초기에 암을 발견하여 아주 간단한 조치로 완치가 가능했을 것입니다.

이 기술은 놀랍게도 국내 의료영상 인공지능(AI) 스타트업 '루닛'이 개발한 흉부 X선 영상 보조 소프트웨어인 '루닛 인사이트'입니다. 루닛 인사이트는 딥 러닝 기술이 적용된 흉부 X선 판독 보조 AI로 보통 X-ray를 찍으면 인간 의사가 이를 판독하는데, 루닛 인사이트는 인공지능 알고리즘이 영상을 분석해 의사 판독을 보조하게 됩니다. 폐 결절로 의심되는 위치를 색상으로 표시하고, 폐 결절 존재 가능성을 확률 값(%)으로 나타내 의사 판독을 돕습니다. 크기가 작거나 다른 장기에 가려져 있는 결절을 놓치는 것을 막을 수 있고, 폐암 조기 진단율을 높일 수 있게 되지요. 비 영상의학 전문의 폐 결절 판독 정확도를 영상의학 전문의 수준으로 향상시키는데도 도움을 주게 됩니다. 루닛 관계자는 "루닛 인사이트는 흉부 엑스레이 영상에서 폐암 결절, 결핵, 기흉, 폐렴과 같은 주요 폐질환을 검출해 내는데, 진단 정확도는 97%에 이른다"고 밝혔습니다. 이처럼 놀라운 성과를 내고 있는 사례도 있는 반면, 기업 비즈니스 논리가 앞서 실제 기능보다 부풀려진 허상도 존재합니다.

한때 인공지능 의사가 등장했다며 떠들썩하게 여기저기서 앞다투어 보도했던 일이 있었지요. IBM의 '왓슨(Watson)'이었는데요, 제가 직접 그 현장, 인천에 위치한 가천대 길병원에 방문한 적이 있었습니다. 2016년 12월 초 왓슨이 국내 처음으로 길병원에 들어왔을 때 암환자들에게는 그야말로 구세주나 다름없는 것처럼 보였죠. 당시 알파고와 이세돌, 세기의 대결에서 시작된 인공지능 열풍과 맞물리면서 왓슨은 의료계의 혁명을 불러올 것처럼 보였습니다. 왓슨이 의사보다 더 뛰어난 실력을 보이면 어쩌나, 의사의 일자리는 없으지는가 하는 등의 부질없는 고민을 하기도 했죠.

국내 최초로 왓슨을 도입한 길병원은 이를 대대적으로 홍보했고, 결국 서울로 향하던 암 환자들의 발길을 돌려 세웠습니다. 다음 해인 2017년 대구가톨릭대병원, 건양대병원, 조선대병원, 전남대병원 등도 가세했습니다. 심지어 중앙보훈병원도 왓슨을 병원에 들여놓으면서 왓슨의 전성시대는 계속될 것만 같았지요.

그러나 장밋빛 전망은 그리 오래가지 못했습니다. 지나치게 기술적 환상에 눈이 멀어 맹목적 수용을 한 것이 문제였습니다. 왓슨을 만든 IBM에서부터 균열이 시작됐지요. 2018년 5월 IBM은 왓슨을 실패한 사업으로 규정하고 사업팀을 구조조정하기에 이릅니다. 전문가들은 IBM이 왓슨을 시장에 내놓았을 때 성급했다고 지적했지요. 근거기반의 의학적 치료 옵션을 제공하려면 인큐베이터 단계에 더 머물러 있었어야 했다는 것입니다.

[가천대 길병원 인공지능 암센터에서]

왓슨을 바라보는 의사들의 시선 역시 곱지 않았습니다. 효능은 떨어지고, 보험 적용도 안 될 것 같고, 의사와의 의견 불일치도 많고, 무엇보다 우리나라 환자 데이터와도 맞지 않는다는 게 전반적인 평가였습니다. 혹평이라고 해도 무방할 정도로 평가가 좋지 않은데 특히 의사와의 의견 일치율이 떨어지는 점은 치명적인 듯 보였습니다.

실제 왓슨의 시연을 지켜보는 동안 프레젠테이션을 하던 의사 분 역시 왓슨의 효용에 관해 크게 기대하지 않는듯한 모습도 기억도 나네요. 국내 환자 데이터를 쓰지 못하는 상황에서 미국 본사에 있는 데이터만 갖고 환자를 분석해 내놓는 처방이 의사들과 썩 맞아 떨어질리 만무하겠죠.

왓슨은 분명 의료계에 의미 있는 성과를 내기도 했습니다. 첫 시작을 개척했으니까요. 현재 왓슨의 문제점을 보완하고 더 나은 기술을 장착한 회사들이 준비를 마치고 출격을 준비하고 있습니다. 마이크로소프트, 올림푸스, 지멘스 등 외국계 실력있는 기업들이 그렇죠. 이렇듯 의료 시장에서 AI 기술이 더욱 활발하게 접목될 것임은 의심할 여지가 없습니다. 또한 놀라운 성과를 가져올 것도 확실하게 기대되는 점입니다. 다만 지나친 마케팅 경쟁으로 기술의 허구성을 키워 의료 소비자를 현혹하는 일은 없어야겠죠.

#41. 너를 만났다

'아재' 입장에서 조금 창피한 이야기입니다만, 얼마전 TV를 보다 펑펑 울었던 적이 있습니다. MBC에서 VR휴먼다큐멘터리라는 이름으로 방영된 '너를 만났다'를 본 것인데요. 4년 전, 혈구탐식성 림프조직구증으로 안타깝게 세상을 떠난 강나연 양과(향년 7세) 어머니 장지성 씨가 가상현실 세계에서 만나기까지의 이야기를 담고 있는 프로그램이었습니다. 러닝타임은 52분이지만 실제 촬영에는 6개월이 걸렸고 둘의 만남을 성사시키는 데 1억원이 넘는 제작비가 사용되었다고 합니다.

감기인 줄 알고 찾았던 병원에서 셋째 딸 나연이는 희귀 난

치병 진단을 받았고, 한 달 만에 눈을 감았다고 하지요. 이별 뒤에도 엄마는 나연이의 존재를 기억하려 애쓰는 모습이 나옵니다. 블로그에 아이를 그리워하는 글을 꾸준히 쓰고, 몸에는 나연이의 이름과 생일을 새겼더랬죠. 아이 뼛가루를 넣은 목걸이도 늘 착용하고 다녔습니다. '어떻게라도 한 번 보고 싶다'라는 엄마의 바람을 위해 제작진은 작업에 착수합니다.

[너를 만났다 / ⓒ MBC]

나연이의 생전 모습을 담기 위해 모션 캡처, AI음성인식, 딥 러닝 등 다양한 최신 기술을 사용해 나연이의 얼굴과 몸,

표정, 목소리를 구현해서 가상 세계에서 만날 수 있는 환경을 만들어 갑니다. 남겨진 사진과 동영상 속의 나연이의 몸짓, 목소리, 말투 등이 재료로 활용됐습니다. 이후 비슷한 나이대의 대역 모델을 통해 VR 속 모델의 기본 뼈대를 만들었습니다. 나연이의 목소리는 몇 개 없는 동영상 속 나연이의 실제 목소리를 토대로 했습니다. 부족한 데이터는 5명의 또래 아이 목소리를 더빙하여 딥 러닝을 통해 채웠다고 합니다. 제작 과정은 자료 수집부터 완성까지 총 7개월이 넘게 걸렸다고 하죠.

관련 반응은 뜨거웠습니다. 유튜브 영상은 일 기준 조회 수 1,300만회를 넘길 정도로 관심을 모았고, 전 세계 시청자의 댓글 19,000여개가 올라왔습니다. "떠난 아이를 나도 만나고 싶다. 제발 VR로 만날 수 있는 방법을 알려달라", "기술의 가능성에 놀랐다", "대중화됐으면 좋겠다"라는 반응이 대부분이었죠.

하지만 가상현실 속 만남에 우려를 표하는 글도 볼 수 있었는데요. "천국인지 지옥인지 모르겠다"라는 내용부터 "만남 이후 더 큰 슬픔과 허망함에 빠질까봐 걱정이 된다"며 후유증을 걱정하는 반응도 있었습니다. VR로 나연이를 구현한 비브스튜디오 제작팀 역시 이 부분 때문에 기획 단계부터 완성 이후에도 굉장히 신중하게 접근했다고 설명했습니다.

저 역시 친구와 대화중 이런 기술이 새로운 애도 문화를 만들어 낼 수 있겠다는 데에는 동의를 이뤘지만 어떤 맥락에서 이런 기술을 사용해 고인을 만나야 하는지, 그럴 필요가 없는지 합치에 이르지 못했는데요. 죽은 이를 다시 볼 수 있다는 것과 다시 봄으로 인해 계속 떠나보내지 못하는 것의 관점 차이는 상당히 크죠. 또 심리적 장애를 일으킬 문제도 있어 조심스럽게 다가가야 하는 문제이기도 하겠습니다.

비슷한 사례도 시도되고 있습니다. 영국 '더 웨이백(The wayback)'은 시험판으로 치매환자들을 위해 1953년 6월 있었던 영국 엘리자베스 2세 여왕의 대관식을 재현했습니다. VR을 통해 과거로 시간여행을 해 머릿속 깊숙한 곳 기억을 떠올리는 식이지요.

[ⓒ spot message]

심리 치료 영역은 아니지만 떠난 고인과 남은 가족을 연결해주는 가상현실 기술도 있습니다. 지난 2016년 일본 기업 양심석재는 '스팟메시지(Spot message)'라는 AR 기술을 통해 묘지 비석에 고인의 사진이 나타나게 하는 서비스를 내놓기도 했지요.

결론적으로 '너를 만났다'의 시도는 참신했고, 의미 있는 작업이었다고 생각합니다. 하지만 사용된 기술 라인업의 화려함에 비해 나연이의 실제감은 다소 떨어지는 것도 사실이었습니다. 어색한 3D와 모션 그래픽, 햅틱 수준을 벗어나지 못한 글러브 등은 개선해야 할 여지도 남겨주었지요. 이 역시 저는 시간문제라고 생각합니다.

현재의 인공지능 수준에 닿을 때까지 여러 기술적 요인이 맞아떨어지는 시기적 동시성이라는 행운이 작용했지요. AR·VR 기술 역시 다른 실감 기술이 함께 발전하면서 조만간 진짜 같은 가상 세계, 진짜 같은 가상 인물의 구현을 볼 수 있을 것으로 생각합니다. 2020년 CES에서 삼성전자는 인공지능 프로젝트 '네온(Neon)'을 발표했는데요, 인공지능을 넘은 '인공인간'의 구현을 보여줬습니다. 누가 사람인지, 인공지능 구현물인지 구분이 안 될 정도로 정교한 사실성을 구현하며 앞으로 무궁무진한 발전 가능성을 보여주기도 했습니다.

#42. AI 아티스트

이번에는 인공지능을 실생활에서 어떻게 활용할 수 있는지 알아봅시다. 주로 제가 직접 실험하고 겪은 사례를 바탕으로 설명을 드릴테니 여러분도 꼭 시간 내서 함께 해보면 좋을 것 같아요. 앞장의 그림을 한번 봐 주시겠어요?

어떤 느낌이 드시나요? 뭔가 화려한 색감을 사용한 추상화 같은 느낌도 있고 어렴풋이 빌딩들이 보이는데 자세히 보니 형형색색의 새들로 묘사되어 있는 오묘한 도시의 감정이 느껴지지 않으신지요? 이 그림은 'City of Inspiration(영감의 도시)'라는 제목의 제 작품입니다. 아쉽게도 제가 손수 물감을 섞어 붓으로 그려낸 그림은 아닙니다. 바로 인공지능을 이용해 만든 세상에서 단 하나 뿐인 저만의 작품이랍니다. 저는 여기에 그치지 않고 오프라인으로 실체화시키기로 마음먹었습니다. 그리고 캔버스 인쇄 업체를 알아본 뒤 적절한 크기의 캔버스로 만들어 직접 소장하게 되었지요.

옆장의 사진은 저의 집 거실에 피아노 위에 장식해 둔 모습입니다. 어때요? 나름 근사하지요? 이렇게 인공지능 기술을 활용해 세상에서 단 하나뿐인 나만의 미술품을 만들 수 있는 시대가 되었습니다. 인간이 작품에 대해 고뇌하며 스케치와 붓 터치를 하는 모습이 당연한 창작의 과정이라고 여겨왔다면 이제는 인공지능과 협업을 통해 충분히 작품에 의미와 의도를 불어넣을 수 있게 됨에 따라 예술의 경계가 모호해지는 결과를 가져오게 되었습니다.

실제로 인공지능이 그린 그림이 경매에서 43만 2,500달러 (약 4억 9,400만원)에 팔린 일이 있었습니다. 세계 3대 경매 사 가운데 하나인 크리스티가 2018년 뉴욕에서 진행한 경매 에서 나온 결과였습니다. 다음 장의 초상화는 캔버스의 가운 데만 그림으로 채워져 있으며 바깥쪽은 아무런 덧칠도 돼 있 지 않죠. 특히 초상화의 주인공 얼굴이 희미하게 처리돼 있는 것이 눈길을 끄는데 이 인물의 의상은 17세기의 네덜란드 화 가 렘브란트의 그림에 등장하는 인물의 의상과 비슷하다는 평

을 받고 있기도 합니다. 이 그림의 작가는 파리의 예술공학단체 오비우스(Obvious)의 프로그래머들이 개발한 인공신경망 알고리즘이었어요.

인공지능이 그린 그림 중 처음으로 경매에 붙여진 '에드먼드 데 벨라미'. ⓒ 오비우스

이 인공지능은 14~20세기의 그림 1만5천여 작품을 학습한 끝에 이 작품을 그려냈다고 하는데요. 생성자가 이미지를 만들면 판별자가 이것이 실제 사람이 그린 그림인지 아닌지를 평가하는 상호경쟁 방식의 '생성적 대립네트워크(GAN)'라는 머신러닝 기술을 사용해 학습했다고 합니다.

자, 다시 돌아와서 제 그림의 탄생 배경을 공개해보죠. 저는 '딥드림(Deepdream)'이라는 구글에서 제공하는 컴퓨터 비전 프로그램을 사용했습니다. 딥드림은 인간의 뇌에서 정보를 보내는 신경망을 모방한 인공 신경망을 통해 수많은 이미지를 인식 및 저장하고, 이 이미지의 특징들을 추출해 시각화합니다. 그 결과물이 마치 꿈을 꾸는 듯 추상적이라고 해서 '깊은 꿈', 딥드림이라는 이름이 붙여졌다고 하죠. 이 AI 화가는 똑같은 형태가 패턴을 이루면서 끝없이 되풀이되는 프랙탈(fractal) 구조를 활용해 그림을 완성합니다. 그리고 앞서 설명했다시피 예술공학 단체 오비우스의 작품이 경매에서 팔렸듯이 딥드림이 그린 작품 29점이 2016년 샌프란시스코 미술 경매에서 총 9만 7,000달러(한화 약 1억 1,000만원)에 모두 팔리기도 했답니다.

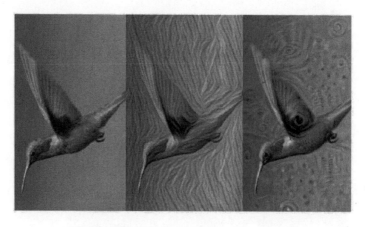

[ⓒ 딥드림(deepdreamgenerator.com)]

원리는 어떨까요? 딥드림에 새의 이미지를 입력하면 알고리즘을 거쳐 새로운 이미지가 만들어 집니다. 이 과정을 쉽게 설명하면 알고리즘이 먼저 이미지 속에 담긴 요소를 하나하나 쪼갭니다. 그 다음 어떤 물체인지 인식하기 위한 특정 패턴을 찾습니다. 이전에 언급했던 딥 러닝 방식과 같지요. 그리고 이미 알고 있는 패턴을 적용해 자신이 인식한 대로 결과가 나타나도록 이미지를 조작하고 왜곡시킵니다. 이런 식으로 새로운 이미지를 재창조하는 식이지요. 결과적으로 알고리즘을 거치면 기존의 단조로웠던 새의 이미지는 빈 공간을 원과 선 등으로 재해석한 다양한 패턴의 이미지로 탈바꿈하게 됩니다.

저는 미국 뉴욕 출장 중에 직접 찍었던 이 사진을 오리지날 데이터로 삼았습니다. 당시 차안에서 비오는 도시 풍경이 왠지 운치 있게 보이지 않으시나요? 아무튼 이 사진을 딥드림에 넣고 마음에 드는 변형 방식을 고르면 순식간에 나만의 작품이 완성된답니다. 이를 오프라인으로 현실화시키는 것에 지나지 않고 저작권 등록이나 전시회까지 출품하게 된다면 어떨까요? 제 친한 지인들과 인공지능과 협업해 만든 작품들로 실제 오프라인 전시회도 기획해보고 있기도 합니다. 스스로의 귀차니즘만 극복한다면 아마 제 전시회를 직접 보실 수도 있으시겠죠?(웃음)

실제로 노소영 관장이 이끄는 아트센터 '나비'에서는 2016년 국내 미디어 아트분야에서 최초로 컴퓨터 시각 분야를 연구한 신승백·김용훈 작가의 작품 'Flower' 시리즈를 전시하기도 했습니다. 'Flower'는 왜곡된 꽃의 이미지를 미술 작품으로 탈바꿈시킨 것으로 작가가 컴퓨터 프로그램을 활용해 모양을 뒤틀고 추상화 시킨 꽃의 이미지 중, 인공지능이 여전히 '꽃'으로 인식한 것들만 모아 공개한 전시회였지요.

이렇듯 인공지능의 미술 작품 창작 활동은 기존 미술품 시장에서 큰 주목을 받고 있습니다. 지금과 같은 속도로 인공지능 기술이 발전할 경우 머지않아 기존의 인간 작품보다 더 뛰어난 예술품을 만들 가능성도 있겠지요. 사실 인간이 기계에 예술 생산을 위임함으로써 얻게 되는 이득은 분명합니다. 인간 예술가들이 만들어내지 못했던 새로운 예술 형식이 존재하는지에 대해 무한대의 가능성을 열어놓고 실험해볼 수 있고, 기존 예술가들의 익숙한 의례였던 창작의 고통도 점차 사라지게 되겠지요.

그러나 이러한 창작물을 인간의 고귀한 창작으로 이루어진 예술 작품과 동등하게 평가할 수 있는지에 대한 의문도 있습니다. 과연 인공지능이 화가들이 귀중한 가치로 삼고 있는 영감을 대체할 만한 새로운 가치를 만들어낼 수 있을지, 그래서 궁극적으로 사람의 마음을 움직일 수 있을지는 미지수이기 때문입니다.

앞으로도 미술 분야 외 음악, 문학 등 다른 예술 분야에서도 인공지능 창작에 대해 많은 논란이 예상됩니다. 그러나 결국 역사가 증명하듯 시대에 따라 변화해 온 문화는 수요자의 몫일뿐입니다. 우리가 살고 있는 세계는 그동안 우리가 선택한 것들의 합입니다. 대량 생산된 변기가 예술품이 된 것도, 무엇을 그렸는지 형태조차 알아볼 수 없는 그림이 예술품이 된 것도 모두 당대를 살았던 사람들이 그것을 예술이라고 선택했기 때문입니다.

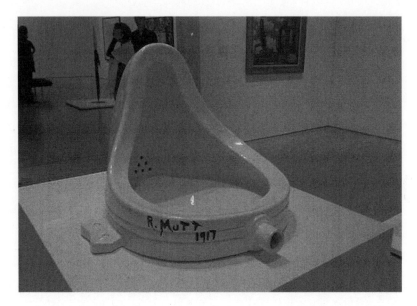

[마르쉘 뒤샹, 〈샘〉, 1917 / © wekimedia Commons]

과거로부터 지금까지 모든 선택이 모여 오늘날의 예술이 지금의 모습을 갖추게 되었지요. 이처럼 인간이 앞으로 살아가게 될 세계 또한 현재 선택들의 합으로 구성될 것입니다. 기계가 만든 작품도 예술로 인정할 것인지, 인간 예술가는 기계를 어떻게 활용할 것인지도 모두 우리들의 선택에 달려있는 것이지요.

#43. AI 아티스트2

2018년 어느 날, 저는 극장에서 세월호 사건을 다룬 영화 '그날 바다'를 보고 왔습니다. 그날 밤 뭔가 멜랑꼴리한 기분을 느꼈고 마침 인공지능 음악 메이킹 사이트인 '주크데크(jukedeck)'에 접속해 있었고 무심코 곡을 만들어 봤습니다. 몇 가지 디렉팅만 해주면 되는데, 영화 음악 장르의 느린 템포, 클라이막스가 있고 1분 30초 정도 되는 시간을 설정하고 만들기를 지시했습니다. 1분여가 채 지나기 전에 주크데크는 세상에 단 하나뿐인 나만의 음악을 만들어 mp3로 다운로드 받게 해주었지요. 그 전에도 수십여 곡을 만들어 보긴 했지만 그날 만든 음악은 우연의 일치인지 마치 세월호 희생자에게 바치는 진혼곡 느낌이 물씬 나는 곡이었습니다.

 저는 이 곡을 그냥 지나칠 수가 없어서 바로 저작권위원회 홈페이지를 통해 저작권 신청을 하기로 결정했습니다. 인공지능이 만든 음악을 저의 저작권으로 신청한다니요. 네, 가능합니다. 아직 인공지능 저작물에 관한 권리 규정이 없으니까요.

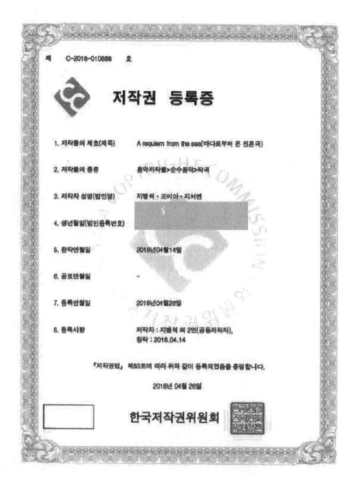

창작물을 자연인이 어떤 수단을 통해 만들었는지는 형식주의 성격의 저작권 등록에는 영향을 미치지 않기 때문이죠. 저는 진혼곡 성격의 그 곡에 'A requiem from the sea(바다로부터 온 진혼곡)'이라는 제목으로 저와 제 아내, 딸 아이 이렇게 셋의 공동 저작물로 순수음악, 작곡의 범주로 신청하기에 이르고 며칠이 지났을 무렵 저작권을 받게 되었습니다. 인공지능 저작물에 관한 자연인의 저작권 등록 실험이 성공적으로 완수하는 순간이었지요. 곡의 완성도는 복불복이지만 제가 그날 만든 음악은 정말 딱 맞아떨어진다는 표현이 정확하듯 세월호 사건의 가슴 아픈 감정을 경건하게 표현해 주었습니다. 오프라인 강의에서는 꼭 함께 듣는 시간을 마련하는데 이 책에서는 구현을 하지 못해 아쉽군요.(웃음) 이 책을 집필하고 있는 도중에 저는 음원 유통에까지 도전해보고 있는 중입니다. 유통사에 정상적으로 등록이 되고 멜론이나 벅스 같은 음원 사이트에서 제 곡을 만날 수도 있겠죠. 책이 출간 전에 등록이 된다면 정식 아티스트로서 뒷장에라도 꼭 소식을 남기도록 하겠습니다.6)(웃음)

이처럼 그림을 넘어 음악 분야에서도 인공지능의 창조 열풍은 계속될 것으로 보입니다. 2012년 미 하버드대에서 '컴퓨터 공학' 수업을 청강하던 영국인 에드 뉴턴렉스(Newton-Rex)는 문

---

6) 2020년 4월 14일 음원이 정식 등록되어 음원사이트에서 유통되고 있음

득 '음악이 가진 수학적 요소를 이용한다면 컴퓨터가 곡을 자유자재로 만들 수 있겠다'는 생각을 갖게 됐다고 합니다. 영국 케임브리지대 학부 시절 음악을 전공했던 그는 이 수업을 듣기 전까지만 해도 컴퓨터에 대한 지식이 거의 없었다고 하는데요, 이 아이디어를 사업화하기 위해 여덟 살 무렵부터 동네 친구였던 패트릭 스톱스(Stobbes)를 끌어들였습니다. 스톱스도 대학 시절 아마추어 밴드 활동을 할 정도로 음악에 관심이 많았지만, 대학에선 경영학을 전공한 다음, 당시 구글에서 일하고 있었다고 합니다. 2012년 12월 인공지능 음악 제작업체 주크데크는 이렇게 탄생했습니다.

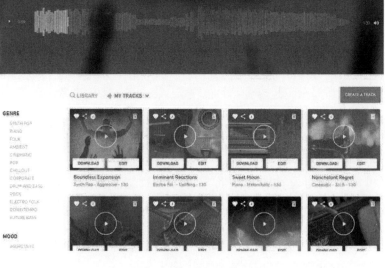

[jukedeck.com]

스톱스 주크데크 공동 창업자 겸 COO(최고운영책임자)는 "곡에 담긴 멜로디나 박자, 화음, 리듬 같은 구성 요소는 일정한 패턴이 있어 결국 수학적으로 분석이 가능하다"면서 "이를 컴퓨터 시스템에 잘 접목하면 인공지능 음악과 관련해 무궁무진한 사업 세계가 있을 것으로 확신했다"고 말했죠. 주크데크가 도약하기 시작한 건 2014년에 영국에서 벌어진 세계 최대 벤처기업 경연대회 '테크크런치 디스럽트(Techcrunch Disrupt)'에서 주크데크는 1위를 차지하면서 상금과 함께 여기저기서 투자를 받아 성공 가도를 달리게 됩니다. 현재 주크데크의 서비스는 잠시 이용할 수 없는데 아마 거대 기업으로 인수되었을 가능성이 점쳐지기도 하네요.

이후 인공지능 기술을 이용해 음악을 만드는 시도는 여기저기서 활발하게 이루어지게 됩니다. Amper Music, AIVA, Melodrive 등 저마다의 딥 러닝 기술을 갖춘 음악 제작 스타트업들이 다양한 서비스를 내놓고 있는 중입니다. 이제 창작의 고뇌를 담은 순수 인간의 예술과 인공지능 저작물에 대한 경계가 모호해 지는 시대가 되었습니다.

예전에는 레코드 판, 카세트 테잎으로 또 CD로 그 매체를 달리해가며 음악을 '소유'하던 시절이 있었습니다. 저 역시 가난한 대학 시절, 집에서 책 사라며 보내준 용돈의 거의 전부를 음반 사는데 썼던 기억이 나네요. 그때는 밥은 굶어도 음악을 하지 못하거나, 듣지 못하는 건 죽음보다 괴로운 일이었죠. 돌아보면 사소한데 목숨 건 겪인데 말이죠.(웃음) 그러나 지금은 음반을 소유하지 않습니다. 단지 디지털 파일이죠. MP3에 대한 시대적 저항도 만만치 않았었던 기억이 있습니다. MP3로 음악 씬이 변하게 되면 모든 아티스트와 제작사, 유통사는 망할 것이란 예측을 하는 전문가도 많았죠. 전통적 방식의 음반 시장의 모습은 많이 달라지고 대체된 것은 자명한 사실이지요. 당장 CD를 팔 음반점이 사라졌으니까요. 하지만 지금 어떻죠? 디지털 음악 시장은 이미 자리를 잡았고 아티스트들은 여전히 창작 활동을 하고 있습니다. 수익원도 매체별로 다원화되었고 또 투명해졌지요. 소비자 경험에 의해 시장이 바뀐 것입니다.

그렇다면 이제 막 등장한 인공지능은 어떨까요? 기계와 협업하거나 인공지능 스스로 학습해 창조해낸 결과물이 인간을 감동시키고, 영감을 줄 수 있다면 충분히 그 예술적 가치는 있을 것이라고 생각합니다. 모든 것은 수요자 중심으로 시장은 변해갈 것입니다. 포노 사피엔스 세대가 이를 하나의 장르로 구분 짓고 즐기는 시대가 올 지도 모르죠. 그러면 연말 음악 시상식에서 인공지능이 상을 타는 날이 올지도 모르겠습니다. (웃음)

#44. 코로나19 단상

신종 감염병 코로나19로 인해 뜻밖의 일들이 벌어지고 있습니다. 그것은 기존 제도나 규범 때문에 대중화되지 못했던 기술에 관한 이야기인데요. 바로 원격기술 혹은 비대면(untact) 기술입니다.

아이들이 학교에 가지 못하니 원격교육의 필요성이 대두되었고, 에듀테크 기업들이 주목받기 시작했습니다. 회사가 제대로 작동을 할 수 없어 재택근무도 늘어났는데 원격회의, 원격업무 시스템도 주목받고 있지요. 부처나 기관, 기업, 학교 등에서 전례 없는 일을 겪고 있는 것이지요.

코로나19가 세계 산업 구조를 바꾸는 계기가 될 것으로 예측하는 전문가도 늘어나고 있습니다. 산업 경제로 보면 기업들이 효율성을 극대화하기 위해 구축한 글로벌 밸류 체인에 대한 의존성을 줄이고 생산 네트워크를 혁신해 위험 분산을 시키는 방향으로 업무 운영의 변화를 전개할 가능성이 높다고 보고 기존의 효율성, 생산성 중심의 운영이 덜 효율적이더라도 덜 위험한 방향으로 진행될 것으로 예측하고 있죠. 이 과정에서 각 국가의 자생 능력과 산업의 스마트한 전환이 핵심이 될 것이라는 예측합니다.

일례로 한국의 대기업뿐 아니라 미국, 유럽 등지의 글로벌 기업은 생산성을 위해 중국 등지에 핵심적인 부품 수급 체계를 확보하고 있지만, 이제는 이 같은 공급망에 대한 대안을 모색하기 시작할 것입니다. 세계 산업 생태계가 재구성되는 것은 우리에게 위기이자, 기회가 될 수 있을 것입니다.

또한 학교 개학이 연기되며 기존의 강의실 중심의 대면 교육에 중대한 변화가 필요하다는 의견도 대두되고 있습니다. 전 세계에 원격수업 수강생은 1억명이 넘고 개설된 과목도 1만 3500개가 넘지만 한국은 700여개 정도에 불과한 수준입니다. 원격수업은 누가 더 양질의 교육 콘텐츠와 서비스를 제공하는지가 중요하기 때문에 생존경쟁, 구조조정을 거치며 혁신적이고 양질의 서비스가 등장할 것으로 생각됩니다. '무크(MooC : 온라인대중공개수업)'를 활성화하며 교육 방식의 혁신을 꾀하는 대학이나 기관이 늘어나고 있지요.

제가 일하는 조직에서도 이번에 국산 원격 회의 시스템 제품을 사용하여 간담회를 개최했는데요, 이런 형태가 처음이다 보니 처음에는 다소 어색한 모습도 있었으나 곧 적응을 해나가는 모습이 인상 깊었습니다. 또한 기능도 우수해져 단순 영상 회의를 넘어서 자료 공유, AI 회의록 작성 등 유용한 기능도 포함되어 있어 공동 작업을 하기에도 큰 무리가 없어 보였습니다.

코로나19에 대한 AI 분야의 약진은 더 두드러지고 있습니다. 우선 기업의 신규 채용자들이 AI면접을 선호하는 경향이 늘어났습니다. 또 코로나19 진단 시약을 만든 기업들의 성과가 대단했는데요. 씨젠을 비롯해 코젠바이오텍, 솔젠트, SD바이오센서, 바이오세움 기업들은 국내 확진자가 1명도 없었던 1월 중순부터 진단시약 개발에 착수, 인공지능을 활용해 개발 기간을 단축했고, 실시간 유전자 증폭 검사기술을 이용해 검사시간을 6시간 이내로 줄였죠. 이로 인해 글로벌 국가들의 시약 요청이 계속 늘어나며 관련 증시 역시 대박 행진을 이어가고 있습니다.

중국에서는 코로나 감염 의심자를 가려낼 수 있는 AI 스마트 안경도 나왔습니다. AI 스마트 안경 덕분에 이동하면서 1m 이내의 거리에 있는 입장객들을 대상으로 체온을 측정해 2분이내에 코로나19 감염 의심자를 신속하게 탐지할 수 있다고 합니다. 이 안경 덕분에 입장객들이 공원에 들어갈 때 체온을 확인받기 위해 길게 줄을 설 필요가 없게 됐다고 하지요. 항저우에 본사를 둔 AI 회사 '로키드(Rokid)'가 개발한 이 스마트 안경은 무게가 100g 정도로, 모양은 일반 선글라스처럼 생겼지만 장착 카메라와 케이블이 보통 안경과는 다른 결정적인 역할을 한다고 합니다. 이 AI 스마트 안경은 체온이 기준치보다 높은 사람 사람을 발견하면 경보음을 울리고 디지털 자료를 생성한다고 합니다. 또 실시간 얼굴인식 기능도 갖추고 있으며, 원격 협업 임무도 수행할 수 있다고 하는군요.

국내 스타트업에서는 24시간 자동으로 체온을 감지하는 인공지능 기술이 등장했는데요. 인력이 필요 없이 무인감시를 통해서 자동으로 모니터링하고 상황을 제어할 수 있다는 게 장점입니다. 인공지능 기반의 열화상 카메라가 이상 체온을 감지하면 관련 데이터를 0.2초 만에 관제센터로 전송한다고 합니다. 카메라를 지나는 순간 출입구 주변의 온도와 사람의 체온 등을 종합적으로 판단할 수 있어 학교나 기업처럼 유동 인구가 많은 곳에서 빠르게 유증상자를 감지해 낼 수 있겠죠.

이처럼 혁신 기술을 사용하여 위기를 기회로 만드는 사례가 늘어나고 있습니다. 4차 산업혁명의 기반 경제는 공유경제라고 생각했던 고정 관념이 무너지고 원격경제도 함께 성과를 나타내기 시작하면서 더 많은 가능성을 찾게 해주는 요즈음 같습니다. 모쪼록 이 세계적 재난이 조속히 마무리되고 더 안전하고 신속한 사회적 시스템이 리빌딩되어 포스트 코로나 사태가 또 발생한다면 그땐 초기 단계에서 진압할 수 있기를 바래봅니다.

Industrial Revolution of Almost Everything

Chapter 5. 예 측

Industrial Revolution of Almost Everything

#45. 마무리

 어느새 마지막 시간이네요. 지금까지 빅뱅부터 시작한 전체 인류사를 토대로 현재의 첨단 산업 사회와 기술, 이슈까지 두루 살펴봤습니다. 애초에 이 책 한권으로 전체 역사를 조망하고 과학 기술에 대한 이해도 곁들이며 심지어 미래 전망까지 해보려는 시도 자체가 무리수였을 수도 있겠습니다. 하지만 이러한 관점의 조망을 통해 지금 벌어지고 있는 상황에 대한 인과관계를 이해하고, 그럼으로써 다음으로 가야할 길을 정하고, 실행하기에 참고할만한 마일스톤이 될 수 있다면 집필의 고됨이 보람찰 것입니다.

 세계는 생각한대로 흘러가지만은 않을 것입니다. 레이 커즈와일이 예측한대로 2045년에 특이점은 아예 오지 않거나 흉포한 사건을 일으키며 어느 순간 인류에게 다가올 수도 있습니다. 2020년의 장밋빛 경제 전망은 갑자기 불어 닥친 코로나19 사태로 전 세계가 격랑에 휩싸여 있습니다. 감탄하며 수없이 열거했던 과학기술, 의학기술 등은 신종 바이러스 하나에 제대로 된 역할을 못하고 있는 실정입니다. 미래를 정복할 것만 같던 인공지능은 당장 백신도 못 만들고, 크리스퍼 가위 기술은 왜 이럴 때 쓸모가 없는 건지 기술 발전에 대한 허구에 실망하신 분들도 계실 겁니다.

그러나 이 모든 것은 이제 막 시작되었다는 점입니다. 세 번째 챕터에서 살펴봤듯이 기술 발전의 속도 양상은 체감하지 못하는 새 더 멀리 나아가 있을 것입니다. 다만 모두의 일상으로 적용되어 우리가 그 혜택을 용이하게 받기까지는 다소 시간이 더 필요할 수도 있습니다. 제도와 규범이 바뀌어야 하고, 충분한 임상 실험으로 그 부작용을 최소화해야 합니다. 그리고 경제성이 있는가, 수요가 충분한가도 중요한 고려대상입니다.

불확실성은 날로 더 커질 것입니다. 세계가 다시 종교나 이해관계 등의 충돌로 서로에게 총과 미사일을 겨눌지, 또 어떤 테러 단체가 출몰할지, 기상이변으로 인해 상상할 수도 없는 규모의 자연재해를 맞닥뜨리게 될지, 코로나19 같은 신종 전염병의 확산이 계속될지 미약한 인간으로서는 확실히 알 길이 없지요.

 하지만 역사적으로 어떤 어려움과 가혹한 환경에서도 이를 극복하려는 인류의 도전은 늘 계속되어 왔습니다. 되려 그런 고난이 있어 더 많은 것들이 개선되고 발명되고, 또 발전하게 된 동기가 되었는지도 모르겠습니다. 과학기술이 발전할수록 재난을 미리 예측하고, 피해를 예방할 수 있게 될 것입니다. 그래서 더 편리하고 윤택한 환경을 만들어 높은 행복 지수를 갖고 살게 될 수도 있을 것입니다.

 그래서 마지막 장에서는 우리가 가야할 길에 대한 기존 전망을 해석해보고, 끝으로 제 개인적 예측을 공유해보며 마무리하는 시간을 갖도록 하겠습니다.

#46. 예 측

 우선 큰 전제를 먼저 해야 할 것 같아요. 지금은 코로나19로 전 세계가 유례없는 고통을 겪고 있지요. 코로나19가 종식되고, 이 책을 나중에 읽게 될 여러분에게도 이 중대 기로에서 행한 인류의 결정에 어떻게든 상당 기간 영향을 받을 수밖에 없을 거예요. 따라서 저는 4차 산업혁명이란 메가 트렌드가 끝을 맺고 가칭, 포스트 코로나 패러다임으로 이동하거나 아니면 4차 산업혁명으로의 더욱 본격적인 진입으로 더 많은 체제의 변화가 가속화될 것이라는 두 가지 시나리오를 전제로 이 '예측' 편을 기술하고 있다는 점을 염두에 두고 읽어주셨으면 좋겠군요. 쉽게 말해 이전의 안정된 체제로 복귀하려는 움직임과 완전히 다른 체제로 가려는 움직임의 갈등이 일어날 수 있다는 논리입니다. 그러나 사회 체제가 어떻게 가든 그 과정에서 보여준 과학기술 각 요소들의 경험과 성과는 어떻게 든 조명되고, 대두될 수밖에 없기 때문에 여러 고민 속에 하나의 길을 제시해보고자 합니다.

 데이터의 중요성은 계속 높아질 것으로 보입니다. 더 많은 데이터 수집과 분석을 통해 인공지능은 미처 알지 못했던 새로운 가치를 계속 창출해 낼 것입니다. 아직 풀지 못한 우주의 비밀이라던가, 불로불사의 방법 같은 보다 근원적인 문제에 더 공격적으로 도전장을 던지게 될 것으로 보입니다. 한편 경제적 지위를 갖게 된 새로운 디지털 자원인 데이터는 앞으로 매우 복잡한 이야기의 중심에 서 있을 것으로 보입니다. 예를 들어 데이터의 개방과 활용, 보호에 관한 논쟁부터 재산권적 가치 평가에 대한 논쟁이 있을 수 있겠고, 데이터 소유 권력에 따른 정보 비대칭화나 부의 불평등 문제 등이 그것입니다. 결국 공공의 이익을 위한 데이터를 어디까지 활용케 할 것인가, 한편으로 어떻게 안전하게 보호할 것인가가 향후의 관건이라고 할 수 있겠습니다.

 AI 반도체의 발전, 양자컴퓨터 연구 등으로 컴퓨팅 능력의 향상은 곧 인공지능과 로봇의 획기적인 발전을 가져올 것입니다. 그렇다고 당장 사람을 초월하는 압도적인 어떤 존재를 만들 수는 없는 일이고 우리 생활 곳곳에서 활용될 것으로 보입니다. 이로 인해 삶의 질은 보다 나아지겠지만 이에 대한 반작용도 당분간은 꽤나 시끄러울 것 같습니다. 인공지능 개발 가이드라인이나 윤리 규범의 제정은 지속적으로 논의되고 업데이트 되어야 할 것입니다.

데이터를 중심으로 공유경제는 더 발전할 것으로 보입니다. 전체를 모두 동의하지는 않지만 제레미 리프킨(Jeremy Rifkin)은 '한계 비용 제로의 사회(The Zero Marginal Cost Society)'를 통해 정보화의 진전과 사물 인터넷의 보급, 공유 자원의 증가, 재생에너지의 확산 등 재화와 서비스의 생산에 소요되는 한계비용이 낮아지는 공유경제 시대의 도래를 주장했습니다. 우버와 에어비앤비가 그랬고, SW 업계를 중심으로 오픈소스 운동이 그렇습니다. 이후 보다 다양한 형태의 공유경제가 등장할 것으로 판단됩니다. 블록체인 기술이 아직 눈에 보이는 성과를 거두고 있지는 못하지만 향후 매우 중요한 기술로서 금융, 유통, 투표 등 다방면에 활용될 것으로 보입니다. 블록체인, 특히 개방형 블록체인은 여전히 중간 중개상을 배제한 진정한 공유경제의 실현에 도전하고 있지요.

여타 전문가의 분석과 유사하게 인공지능 등 기술발전과 공유경제의 일반화로 일자리는 더욱 급격한 속도로 대체될 것으로 생각됩니다. 일소에 일자리가 없어지거나 하지는 않겠지만 그렇다고 느긋하게 조망하며 기다려 볼 여유는 없을 것 같습니다. 국가 입장에서는 새로운 형태의 일자리를 적극적으로 발굴하여 지원하고, 또 전통적 일자리와의 원활한 조화, 점진적 대체 방안을 고민해야 할 것입니다.

카풀 서비스와 택시 조합과의 갈등 사례처럼 지루한 시간을 써가며 신·구 집단 간 충돌이 예상됩니다. 우리 정부는 이러한 사회적 갈등을 유려하게 해소할 수 있는 내구성과 전략을 보다 배양해야 할 것으로 판단합니다. 지금까지 겪어왔던 경험으로는 관료사회가 책임 전가와 소극적 태도를 극복하지 못하는 한 부처에서 법원으로, 또 국회로 끌려가 최종 사형선고를 당한 타다와 같은 전철을 밟는 스타트업은 계속 생겨날 것으로 생각됩니다.

다음은 교육 분야입니다. 참 해결하기 힘든 분야 중 하나죠. 무려 19세기에 만들어진 학교라는 공간에 20세기 어른들이 21세기 아이들을 가르치고 있습니다. 미국의 석유왕이라고 불렸던 록펠러(Rockefeller)의 회사, 'Standard Oil'의 이름에서와 같이 우리는 여전히 대량 생산을 위한 공장 체제에 걸맞은 분업화, 표준화된 인간을 길러내는 데에서 벗어나지 못하고 있죠. 앞으로 전개될 불확실성의 시대에서는 결코 바람직하지 못한 교육 방법일 것입니다. 똑같은 복제품을 만드는 것이 아니라 다양한 창의성으로 문제를 해결하는 능력을 길러줘야 합니다. 비판적 시각에서 사고하고, 통합적 학문 접근이 필요하며 팀을 이뤄 유연하게 융화하며 협력할 줄 알아야 합니다. 혼자서 용이 되어 특출난 솔로 플레이로 문제를 해결하는 시대는 이미 지났습니다. 이미 많은 국가가 새로운 시대의 인재 양성을 실행에 옮기고 있습니다. 우리는 아직 요원합니다. 교육의 공급자인 기성세대와 교육기관 간 매우 견고한 거버넌스와 경쟁에 물든 사회적 인식을 마음대로 수정할 수 없기 때문입니다.

따라서 교육 분야에서는 속도감 있는 혁신은 기대하기 어려울 것으로 판단됩니다. 대학의 구조조정과 평가체계 개선, 학습 커리큘럼 고도화 등 요소요소마다의 소규모 개선은 있을지언정, 큰 틀에서의 근본적이고 혁신적 변화는 보기 어려울 것으로 예상합니다. 상징적인 소수 인재들의 분발로 국제적이거나 사회적인 성과를 종종 볼 수 있고, 그럼으로써 점차 인식은 개선되어 갈 것이나 역시 상당한 시일을 감내해야 할 것입니다. 하지만 제 예측이 한시라도 빨리 틀렸다는 걸 보고 싶군요.

석탄과 석유를 태워 지구를 병들게 하는 기존의 에너지를 대체할 새로운 에너지원에 대한 요구는 더 거세질 것입니다. 전기 에너지는 점차 보편화될 것이고, 수소 에너지를 손쉽게 컨트롤할 수 있게 되고, 채산성이 맞아떨어지면서 또 한 번의 혁신이 일어날 수 있을 것이라고 생각합니다. 오랜 기간 효율적 측면에서 고전을 겪었던 태양 에너지원을 이용한 기술에도 고도의 발전이 예상됩니다. 또한 다양한 에너지 개발, 전환 시도 등으로 인해 신재생에너지(기존의 화석연료를 변환시켜 이용하거나 수소·산소 등의 화학 반응을 통하여 전기 또는 열을 이용하는 에너지)와 재생가능에너지(햇빛·물·지열·강수·생물유기체 등을 포함하는 재생 가능한 에너지를 변환시켜 이용하는 에너지)에 대한 기술적 성과도 늘어날 것입니다. 이차전지(외부의 전기 에너지를 화학 에너지의 형태로 바꾸어 저장해 두었다가 필요할 때에 전기를 만들어 내는 장치) 및 전고체전지, 리튬메탈전지, 리튬황전지 등 차세대 배터리 기술 등의 발전으로 보다 많은 모빌리티, 디바이스 영역에서 소형화, 경량화를 이룰 수 있을 것으로 보입니다.

인공지능, 로봇, 사물인터넷의 발전으로 헬스케어를 비롯해 의료·바이오 분야는 더 놀라운 발전을 거듭할 것으로 예측됩니다. 따라서 기대수명은 점차 늘어날 것으로 보이며, 하나둘씩 불치병도 해결해 갈 것입니다. 기술개발의 향후 가장 큰 성과는 의료·바이오 분야에서 나올 것으로 생각됩니다.

반면에 세계 인구는 계속 증가하고 있습니다. 유엔보고서는 2050년 세계 인구는 97억 7182만 명으로 2017년에 비해 약 22억 명가량 늘어날 것으로 내다봤습니다. 인구의 증가가 과학기술과 엮여 번영으로 연결된다는 논리와 부합하면 좋겠지만 더불어 환경오염과 같은 심각한 문제도 야기할 것입니다. 우리나라의 인구는 아이러니하게도 출생인구가 계속 줄고 있습니다. 2019년 5,171만 명인 우리나라 인구는 2028명에 5,194만 명으로 정점을 찍은 후 2067년에는 3,929만 명으로 대폭 줄어들 것으로 전망되고 있습니다. 출생아는 감소하는 반면 65세 이상 고령인구 비중은 14.9%에서 46.5%까지 늘어나며 생산인구의 고령인구 부양 부담이 세계 최고 수준에 이를 것으로 보여 집니다. 국가 및 산업 구조의 근본적 재편 없이는 커다란 위기를 맞이할 수밖에 없는 심각한 상황입니다. 한국 사회는 고질적인 문제를 안고 있죠. 상위 1%가 대부분의 부를 차지하고 있고, 또 대부분의 부동산을 소유하고 있는 부가 매우 편중되어 있는 국가죠. 산업화 이데올로기에서 리버럴(liberal)한 가치로 패러다임이 완전히 이동하지 못한 국가이기도 합니다. 그러다보니 경쟁이 매우 치열하며 서열화에 익숙합니다. 소득 대비 물가는 매우 비싼 편입니다. 이념 논쟁도 북한이 존재하는 한 종식되기엔 멀었습니다. 한마디로 기술 발전을 통해 과거보다 먹고 살기 편해졌는데 역설적으로 먹고 살기 어렵게 된 경우거든요.(웃음) 이러한 문제들로 청년들이 버티기 어려워지면 저출산 고령화 현상은 계속 심화될 수 밖에 없겠죠.

반면 사회보장 정책은 조금씩 좋아지지 않을까 예측합니다. 현재의 사회보장 수준도 치열한 경쟁 사회인 것에 비해서는 개인적으로 높게 평가하고 있습니다만, 선진 시스템을 벤치마킹해 적용하려는 노력은 계속될 것으로 보입니다. 임금노동 중심의 보장에서 시민권에 근간한 사회보장 체계에 대한 요구가 지속될 것으로 보여지며, 이에 따른 재원 마련 방안에 대한 논쟁도 치열해 질 것으로 보입니다. 우리도 디지털세, 데이터세, 로봇세 등 새로운 조세 체계에 대한 진지한 검토를 시작하고 실행할 때입니다. 조세 전문가라는 분들과 이야기를 나누어 봐도 아직은 시기상조, 명확치가 않아서 등등의 이유로 다루기를 꺼려하는 경향이 있더군요. 새로운 메가 트렌드를 유연하게 맞이하려면 지금 움직여야 합니다.

 마지막으로 기후 변화로 인한 국제 사회의 양태는 지속적으로 변화할 것으로 생각됩니다. 앞으로의 인류를 위협하는 이슈를 저는 크게 두 가지로 보는데, 하나는 코로나19같은 신종 전염병의 출몰과 대유행이고, 또 하나는 기후변화로 발생하는 각종 자연재해입니다. 현재의 기후변화 원인으로는 지난 산업혁명 이후 지속적으로 다량의 온실가스가 대기로 배출됨에 따라 지구 대기 중 온실가스 농도가 증가함에 따라 지구의 지표 온도가 과도하게 증가된 것인데요. 파리협정 발효와 신 기후 체제 출범에 따라, 우리나라를 포함한 전 세계 각국은 온실가스 감축목표 달성의 의무를 지게 되었지요. 세계 온실가스 배출량 7위인 우리나라도 2030년까지 온실가스 예상배출량 대비 37%의 온실가스를 감축하겠다는 목표를 유엔기후변화협약(UNFCCC) 사무국에 제출한 바 있습니다. 이를 위해서는 산업계를 중심으로 저탄소 경제사회로의 패러다임 전환이 필수적입니다. 이를 간과한다면 유례없는 재앙을 맞이할지도 모르겠습니다. 우리 산업계도 에너지 집약적 제조업 중심의 경제구조에서 벗어나 세계 시장을 리드할 저탄소 청정기술의 개발과 고부가가치의 지식서비스 산업에서 새로운 성장 동력을 발굴하고 또 만들어가야 하겠습니다.

사실 전 세계는 이미 좋은 경험을 공유하고 있습니다. 한때 세상을 떠들썩하게 만들었던 오존층 파괴 이슈가 그것인데요. 국제 사회가 지구 온난화와 자외선 노출의 심각성을 염려하여 오존층을 복구하고자 프레온가스(염화불화탄소·CFCs)와 기타 오존층 고갈 물질의 사용을 줄이기로 '몬트리올 의정서'에 합의하고 함께 실천하며 노력했던 일이 있었죠. 그 후 북반구와 중위도 지역에 광범위하게 형성됐던 오존구멍이 2030년대에 완전히 복원될 것이라는 뜻깊은 소식이 전해지기도 했습니다. 오존층 복구를 위해 전 세계가 함께 노력했듯이 지구 온난화를 위해서는 그 이상의 노력과 의지가 중요하다 할 것입니다.

지금까지 우린 '거의 모든 것의 산업혁명' 통사(統辭)를 함께 살펴봤습니다. 조금이나마, 흐릿하게나마 우리가 왜 여기에 있게 되었고, 지금 무엇을 더 주력해야 하고, 어떤 미래를 그려가야 할지 깨닫게 되었다면 그것만으로 제 수업의 목적은 충분히 달성했다고 할 수 있겠습니다. 서두에 얘기했지만 급하게 갈 필요는 없을 것입니다. 또 인류사에 코로나 19같은 예측할 수 없는 어떤 장애물이 나타나 그 속도를 더디게 하거나 방향을 전환시킬지 알 수도 없는 노릇입니다. 기술발전과 산업혁명이 우리의 삶에 장밋빛 미래를 그대로 가져다주지 않을 수도 있습니다.

그래서 우린 조금 더 신중할 필요가 있습니다. 더 빨라지고 급격해진 과학 기술 앞에 성급한 결정이나 대체, 동참은 지난 세기보다 더 크고 돌이킬 수 없는 부작용을 초래할 가능성이 있기 때문입니다. 유례없이 복잡하게 얽혀있는 글로벌 네트워크, 멈출 줄 모르는 거대 도시화와 환경오염, 각종 규제로 인해 선택지를 잃고 방황하는 거버넌스와 사회 갈등 등 세계는 대하기 더욱 어려운 대상이 되어 가고 있습니다.

그러나 과거와 달리 지금 우리에겐 인공지능이라는 훌륭한 조력자와 첨단 도구들이 있습니다. 그럼으로써 우린 더 합리적인 판단과 안전한 도전을 할 수 있을 것입니다. 끝으로 과학기술의 발전이, 4차 산업혁명의 도래가 오히려 인류를 고달프게 하지 않도록 우린 더 많은 관심을 갖고, 서로와 또 사회와 더 많은 이야기를 해야 할 필요가 있습니다. 보다 오래 지구를 안전하게 빌려 쓰려면 말이죠.(웃음) 감사합니다!

참 고 문 헌

- 유발하라리, 조현욱 옮김. 〈사피엔스(Sapiens)〉, 김영사, 2015
- 에릭 브린욜프슨·앤드루 매카피, 이한음 옮김. 〈제2의 기계시대(The Second Machine Age)〉, 청림출판, 2014
- 레이커즈와일, 김명남·장시형 옮김 〈특이점이 온다(The Singularity is Near)〉, 김영사, 2007
- 제레미 리프킨, 안진환 옮김. 〈한계비용 제로 사회(The Zero Marginal Cost Societh)〉, 민음사, 2014.
- 클라우스 슈밥, 송경진 옮김. 〈클라우스 슈밥의 제4차 산업혁명(The Fourth Industrial Revolution)〉, 새로운현재, 2016.
- 클라우스 슈밥, 김민주·이엽 옮김. 〈클라우스 슈밥의 제4차 산업혁명 더 넥스트(Shaping the Fourth Industrial Revolution)〉 새로운현재, 2018.
- 제레미 리프킨, 안진환 옮김. 〈3차 산업혁명(The Third Industrial Revolution)〉, 민음사, 2012.
- 유발하라리, 김명주 옮김. 〈호모 데우스(Homo Deus)〉, 김영사, 2017
- 에릭 브린욜프슨·앤드루 매카피, 정지훈·류현정 옮김. 〈기계와의 경쟁(Race Against the Machine)〉, 틔움출판, 2013
- 이언 모리스, 최파일 옮김. 〈왜 서양이 지배하는가(Why the west rules for now)〉, 글항아리, 2013
- 돈 탭스콧·알렉스 탭스콧, 박지훈 옮김. 〈블록체인 혁명(Blockchain Revolution)〉, 을유문화사, 2017
- 스펜서 웰스, 김한영 옮김. 〈판도라의 씨앗(Pandora's Seed)〉, 을유문화사, 2012
- 최재붕, 〈포노사피엔스〉, 쌤앤파커스, 2019
- 유발하라리, 전병근 옮김. 〈21세기를 위한 21가지 제언(21 Lessons for the 21st Century)〉, 김영사, 2018
- 신시아 브라운, 이근영 옮김. 〈빅히스토리(Big History)〉, 바다출판사, 2017
- 제레드 다이아몬드, 김진준 옮김. 〈총, 균, 쇠(Guns, Germs and Steel)〉, 문학사상사, 1998
- 앨빈 토플러, 원창엽 옮김. 〈제3의 물결(The Third Wave)〉, 홍신문화사, 1994
- 홍성국, 〈수축사회〉, 메디치, 2018
- 메리 그레이, 시다스 수리, 신동숙 옮김. 〈고스트 워크(Ghost Work)〉, 한스미디어, 2019

- 송동훈. 〈대항해시대의 탄생〉, 시공사, 2019
- 제니퍼 다우드나, 새뮤얼 스턴버그, 김보은 옮김. 〈크리스퍼가 온다(Crispr)〉, 프시케의 숲, 2018
- 〈인공지능 국가전략〉, 대한민국 정부, 2019
- 〈4차산업혁명 대정부 권고안〉, 4차산업혁명위원회, 2019
- Satoshi Nakamoto. 〈Bitcoin: A Peer-to-Peer Electronic Cash System〉, 2008